Kerstin Riemer



# Hofläden & Manufakturen im Chiemgau

## Besondere Menschen und Orte laden ein

J. BERG

# Inhalt

Der Chiemgau beeindruckt landschaftlich wie kulturell mit seinem Facettenreichtum. So laden zwischen Chiemsee und Chiemgauer Alpen vielfältige Hofläden und Manufakturen zum Entdecken, Stöbern und Genießen ein.

ALAWI ARABICA
COFFEE- 2020/21 CRO
MAPANGA AA
RAIN FOREST ALLIANCE
P93842
Ur-Salz
NUSS NOUGAT CREME
Gummibärchen

# Begegnungen

An den Chiemgau habe ich schon vor einigen Jahren mein Herz verloren. Die Region beeindruckt mich immer wieder aufs Neue mit ihren zahlreichen Facetten – der vielseitigen Landschaft zwischen Chiemsee und Chiemgauer Alpen, den traditionellen Brauchtümern auf der einen und den modernen Ideen auf der anderen Seite. Kunst, Kultur, Kulinarik: Vieles hat – wie ich – im Chiemgau ein Zuhause gefunden.

Voller Leidenschaft fürs Handgemachte habe ich mich für dieses Buch auf die Suche gemacht und durfte dabei spannende Menschen treffen, faszinierenden Geschichten lauschen und unheimlich viel dazulernen. Es hat mir sehr viel Freude bereitet, einen Blick hinter die Kulissen zu werfen und mit den Menschen über das zu sprechen, was sie antreibt, über das, was sie aus vollstem Herzen begeistert.

In diesem Buch erzählen Landwirte, Kunsthandwerker und Kreative ihre ganz persönliche Geschichte und geben besondere Einblicke in ihr Leben. Sie zeigen, wie sie auch heute noch in teils mühevoller Handarbeit und mit einzigartiger Hingabe Produkte von höchster Qualität herstellen.

In einer Manufaktur oder einem Hofladen einzukaufen, ist immer wieder ein außergewöhnliches Erlebnis. Man kauft achtsamer, macht sich mehr Gedanken darüber, wie das Produkt entstanden ist, und schätzt es auf diese Weise viel mehr wert.

Von der Hutmacherin über den Mühlenladen bis hin zur Brennerei laden in diesem Buch verschiedenste Orte zum Entdecken, Stöbern und Genießen ein. Erleben Sie den Chiemgau von seiner schönsten Seite – ich wünsche Ihnen viel Freude dabei!

*Ihre Kerstin Riemer*

Die Hofläden und Manufakturen im Chiemgau begeistern mit regionalen Produkten und urigem Charme (hier: Mühlenladen der *Mühle St. Johann*, ab S. 108).

# Hofläden und Manufakturen im Chiemgau

# Bio-Imkerei Schelling

## Honigsüße Versuchung

Angela Schelling ist passionierte Imkerin. »Wenn ich zu den Bienen gehe, dann bin ich mit voller Konzentration dabei. Das geht nicht mal eben schnell nebenher. Ich nehme mir bewusst Zeit dafür, bin absolut fokussiert und tauche vollkommen in die Arbeit mit den Bienen ein.« Der Impuls zur Bienenhaltung kam überraschend. »Ich war damals mit meinen Kindern im Kino im Film ›More than honey‹. Und dann saß ich da mit großen Augen, habe gebannt auf die Leinwand geblickt und wusste: Das will ich machen. Ich will imkern.« Gesagt, getan. Die angehende Imkerin las alles, was ihr zum Thema in die Hände fiel, versuchte sich in einen Imkerkurs einzuschreiben, was zunächst an unendlich langen Wartelisten scheiterte, und fand schließlich einen Imkerpaten in ihrem damaligen Münchner Viertel. Gerade einmal ein halbes Jahr später bekam sie von ihrem Paten ihr erstes eigenes Bienenvolk. Und auch wenn sie später doch noch einen Imkerkurs absolvierte und Mitglied der Stadtimker in München wurde – am meisten hat Angela aus ihren eigenen Erfahrungen im Umgang mit den Bienen gelernt.

Heute stehen ihre zeitweise bis zu zwanzig Völker sowohl in München als auch in Übersee am Chiemsee. Über die Jahre hat der Umgang mit den Bienen vor allem ihren Blick auf die Natur verändert. »Ich nehme viel bewusster wahr, was gerade blüht oder ob es eher trocken oder feucht ist.« Diese enge Verbundenheit mit der Natur bestimmt auch Angelas Arbeit mit den Bienen: Bis zu vier Stunden pro Woche kümmert sich die Imkerin während der Saison um ihre Völker. »Dabei nehme ich mir immer wieder bewusst die Zeit, in Ruhe zu beobachten, was am Bienenstock passiert. Ich schaue, was auf dem Flugbrett los ist oder ob die Bienen gerade Pollen eintragen und somit Brut da ist. Schon aus der reinen Beobachtung heraus kann man so viele Informationen sammeln, man muss nur seine Sinne schärfen.« Macht die aufmerksame Imkerin ein Volk auf, weiß sie mit ihrem geschulten Blick direkt, ob es dem Volk gut geht oder ob etwas nicht stimmt. Was die Imkerin jedes Mal aufs Neue

**HONIGPFLÜCKER BIOLAND-IMKEREI SCHELLING**
**Dr. Angela Schelling** • Max-Brunner-Weg 1 • 83236 Übersee
Tel. 0176/21 15 45 23 • altegendarmerie-uebersee.de/honigpflücker
Öffnungszeiten nach telefonischer Vereinbarung

## Angela Schellings Tipp

Ein Spaziergang in der Kendlmühlfilzen, dem großen Moorgebiet bei Grassau, ist Naturgenuss pur. Geschichtlich Interessierte sollten unbedingt auch den alten Torfbahnhof besuchen. Auf dem Rückweg lohnt sich ein Abstecher über die kleine Kirche am nahen Westerbuchberg.

fasziniert, ist, wie sich ein Bienenvolk selbst organisiert. »Die Bienen folgen einfach ihren Regeln, völlig egal, ob es den Imker gibt oder nicht. Sie wissen einfach, was zu tun ist. So ein riesiges Volk von 45 000, 50 000 Bienen organisiert sich selbst um eine Königin herum. Das ist so eine Urform des Lebens von vielen Individuen, die mich immer wieder begeistert.«

Die Bioland-Zertifizierung war für die leidenschaftliche Imkerin daher nur eine logische Konsequenz. »Es entspricht unserer eigenen Haltung, der Art, wie wir nach Möglichkeit konsumieren: ökologisch erzeugt, naturbelassen und regional«, erklärt Angela. Auch wenn solch eine Zertifizierung bei einer relativ geringen Anzahl an Bienenvölkern nicht wirtschaftlich ist: Die Umsetzung des langwierigen Prozesses war ihr schlichtweg wichtig. Zu den Bioland-Kriterien zählt, dass Bienenstöcke ausschließlich aus natürlichen Materialien bestehen dürfen, dass es einen geschlossenen Wachskreislauf gibt und nur bestimmte Behandlungsmittel für die Bienen verwendet werden dürfen oder dass die Flügel der Königin nicht beschnitten werden dürfen, um das Schwärmen zu verhindern – Dinge, die für Angela selbstverständlich sind.

Was sie überrascht hat, war etwas anderes: »Hätte ich gewusst, was da auf mich zukommt, hätte ich das vielleicht nicht gemacht«, gibt die Imkerin zu. »Ich hatte keine Vorstellung davon, wie viel Arbeit in so einem Glas Honig steckt – sowohl von den Bienen als auch vom Imker. Das sollte einem bewusst sein, wenn man Honig genießt.« Aufklärungsarbeit leistet Angela im Rahmen von kleinen Schnupperkursen. In der Bienen-Saison, von Mai bis September, gibt sie jeden Mittwoch Interessierten Einblicke in die Imkerei, in die faszinierende Welt der Honigbiene und in ihre Bedeutung für unsere Nahrungskette. Anschließend werden unterschiedliche Honigsorten verkostet und alle Fragen beantwortet. Etwa, was jeder von uns tun kann, um die Bienen zu schützen und zu unterstützen. »Viele meinen, es wäre gut, möglichst viele Bienenvölker überall zu platzieren«, erklärt Angela, »aber in den Städten ist es mittlerweile so, dass es fast zu viele Bienen gibt und somit Futterknappheit herrscht. Wichtiger ist, den Bienen ein möglichst vielfältiges Angebot an Trachtpflanzen mit einer möglichst langen Blühperiode zu bieten.« Die Arbeit der Imker vor Ort kann man durch den Kauf von Honig unterstützen. Wer regionalen Honig kauft, tut sich und anderen Gutes, denn heimischer Honig ist gesund und fördert obendrein die Artenvielfalt.

Aromatisch, süß und einzigartig: Auch Angela erntet jedes Jahr den Honig ihrer Bienen. »Ich finde es total schön, dass der Honig immer genau so schmeckt, wie die Saison gerade war. Jede Ernte ist unverwechselbar. Es macht einen Unterschied, ob du mehrmals im Jahr schleuderst oder ob du alles in einem erntest oder ob du ein Wanderimker bist. So wie das Jahr gelaufen ist, so schmeckt der Honig. Ich bin jedes Mal aufs Neue gespannt, wie mein Honig schmeckt, und immer wieder begeistert davon, dass er einfach jedes Mal ein bisschen anders ist.« Ihren *Honigpflücker*-Honig gibt es übrigens im Hofladen der *Alten Gendarmerie* zu kaufen. Auf Wunsch verschickt ihn Angela aber auch.

Arbeiten im Gleichklang mit den Bienen,
im Rhythmus der Natur – das ist es,
was Imkerin Angela Schelling besonders schön findet.

# Zwetschgendatschi mit Honig

Spätsommerlicher Genuss aus dem Garten

**Zutaten für 1 Blech**

*Für den Teig*

400 g Dinkelmehl
30 g Hefe
150 ml Milch
10 g Honig
50 g Butter (zerlassen)
1 Ei
½ TL Salz
1,5 kg Zwetschgen

*Für die Walnussstreusel*

40 g Honig
50 g Butter
50 ml Sahne
1 Msp. Zimt
150 g Walnüsse, grob gehackt

**Zubereitung**

Für den Teig Mehl in eine Schüssel füllen und mittig eine Mulde bilden. Die Hefe hineingeben, mit ca. 50 ml Milch und dem Honig vermischen und mit etwas Mehl bestäuben. Die Mischung zugedeckt an einem warmen Ort stehen lassen, bis die Oberfläche rissig wird.

Nun die restlichen Zutaten bis auf die Zwetschgen zugeben und den Teig mit Knethaken glatt kneten. Die Schüssel erneut zugedeckt stehen lassen, bis sich das Volumen des Teigs nahezu verdoppelt hat.

Den Hefeteig ausrollen, auf das Blech legen und mit den entsteinten Zwetschgen belegen.

Für die Walnussstreusel Honig, Butter, Sahne und Zimt in einem Topf aufkochen. Anschließend die grob gehackten Walnüsse zugeben und gut vermischen. Die Masse auf dem Zwetschgenkuchen verteilen.

Den Datschi bei 180 °C Ober-/Unterhitze für ca. 50 Minuten backen, anschließend abkühlen lassen.

**TIPP**

Besonders fein schmeckt der Kuchen, wenn er mit etwas geschlagener Sahne serviert wird.

# Hutmacherei Magdalena Löhmann

## Gut behütet

Nadel und Faden, Fingerhut und Dampfbügeleisen – Magdalena Löhmanns tägliche Begleiter sind Werkzeuge aus scheinbar vergangenen Zeiten. Die junge Frau aus Prien am Chiemsee ist Modistin. So heißt der Beruf der Hutmacherin heute. Denn während der Hut früher fest zur Garderobe gehörte, ist das Hutmachergewerbe heute selten geworden. »Kleider machen zwar Leute«, stellt Magdalena fest, »doch ein Hut, der vollendet das Erscheinungsbild.« Mit ihrem Entschluss, Modistin zu werden, hat sie sich auch dem Erhalt des Handwerks verschrieben.

Dass die junge Frau Hutmacherin wird, ist nicht immer klar gewesen, denn Magdalena stammt eigentlich aus einer Gastro-Familie. Den Weg zu ihrer Ausbildung fand sie über ein Praktikum beim Herrenschneider, dort kam sie sozusagen »auf den Hut«. Nach einem weiteren Praktikum – dieses Mal bei der Hutmacherin – stand der heutzutage eher außergewöhnliche Berufswunsch schließlich fest. »Die Zeit in der Hutmacherei ist so schnell verflogen, und die Faszination für das Material hat mich direkt gepackt. Nach dem Praktikum war ich mir sicher, dass ich mich, auch wenn ich diese Arbeit mein Leben lang mache, nie langweilen muss und immer Spaß an der Arbeit haben werde«, erzählt Magdalena.

Und so folgte nach dem Schulabschluss schließlich die Ausbildung. Dass das Handwerk des Modisten nicht mehr viele junge Menschen erlernen, wurde dort offensichtlich: Gerade einmal 20 Auszubildende waren in Magdalenas Jahrgang, drei davon aus Süddeutschland. Mit dem Sieg im Leistungswettbewerb des Deutschen Handwerks krönte sie ihre erfolgreich abgeschlossene Ausbildung und wurde mit 19 Jahren Deutschlands beste Hutmacherin. Aus dem Gewinn des Staatspreises finanzierte sie sich den Meister und setzte anschließend noch den Betriebswirt obendrauf. Mit gerade einmal 23 Jahren eröffnete Magdalena schließlich 2022 ihren eigenen Werkstattladen.

**HUTMACHEREI MAGDALENA LÖHMANN**

Badweg 14 • 83112 Frasdorf • instagram.com/hutmacherei_loehmann
Öffnungszeiten: Do 9–12/14–19 Uhr, Fr 9–12/14–18 Uhr, Sa 9–12 Uhr

Kargei

In einer zur Ladenwerkstatt umgebauten Wohnung in Frasdorf führt sie nun das seltene Traditionshandwerk in die Zukunft. Hier fertigt sie Hüte aus Velours, Wollfilz oder Stroh. »Am liebsten arbeite ich mit Velours, einfach weil das Material so beeindruckend ist, weil man so viel daraus entstehen lassen kann«, erzählt die Modistin. »Allerdings ist Velours aktuell recht schwer zu bekommen, und die Rohlinge werden deshalb extrem teuer.« Veloursһüte aus Hasen- und Kaninchenhaar sind mit ihrem samtigen Look besonders bei Trachtlern aus nah und fern beliebt. Auch Magdalena ist von Kindesbeinen an Mitglied im Trachtenverein: »Als Trachtler ist man stolz auf seine Tracht, auf seine Heimat und ihre Traditionen, das Brauchtum – und da gehört der Hut einfach dazu.« Viele Hüte werden von Generation zu Generation weitergegeben. »In alten Trachtenhüten steckt so viel Wissen. Man kann sich gar nicht vorstellen, was man da alles herauslesen kann, über den Hof, über den Träger, über die finanziellen Verhältnisse. Das macht Tracht für mich auch so spannend. Wenn diese Hüte reden könnten …«, schmunzelt die Hutmacherin.

In Magdalenas Werkstatt gleicht kein Tag dem anderen. »Hüte sind zwar in gewisser Weise gleich aufgebaut und dennoch ist jeder einzigartig. Ein einziger Millimeter kann bei einem Hut so viel ausmachen. Ein winziger Handgriff kann die gesamte Optik eines Huts beeinflussen.« Die Augen von Magdalena leuchten vor Begeisterung für ihr Handwerk. »Man kann sehr prunkvoll arbeiten oder eben auch völlig minimalistisch und schlicht. Das

Im kleinen Werkstatt-Laden von Hutmacherin Magdalena Löhmann gibt es nicht nur Hüte, sondern auch ausgesuchte Trachtenstücke für Klein und Groß sowie passenden Schmuck.

ist so facettenreich, so breit gefächert, da sind der Kreativität keine Grenzen gesetzt.« Die Modistin richtet auch alte Hüte wieder her, verleiht ihnen neuen Glanz. Doch hauptsächlich fertigt sie neue Hüte auf Maß, die ihre Träger dann ein Leben lang begleiten sollen. »Der Hut ist so speziell, denn jede Kopfform ist anders, und das muss einfach passen. Wenn eine Hose mal ein bisschen eng ist, ja dann zwickt sie halt, aber wenn ein Hut drückt, dann setzt man ihn nicht auf. Deshalb sind meine Hüte Unikate, keiner ist wie der andere«, stellt sie klar. Tatsächlich werden bei Magdalena immer öfter Hüte als Geschenk zur Firmung, zum 18. Geburtstag oder zur Hochzeit gekauft. Ein individuelles Kleidungsstück, das einen das restliche Leben begleiten und an besondere Momente erinnern soll.

Magdalena nimmt einen Hutrohling vom Stapel und legt ihn in einen Kessel. Heißer Dampf weicht das Material auf und macht es formbar. Wenige Minuten später nimmt die Hutmacherin den Rohling und zieht ihn auf ein hölzernes Model. Kräftige Handgriffe sind gefragt, bis der Rohling perfekt auf der Form sitzt. Mit Bändern spannt Magdalena den Hut fest, bürstet die Oberfläche glatt und lässt ihn einen guten Tag lang trocknen. »Schon beim Aufziehen habe ich unendlich viele Möglichkeiten in der Gestaltung. Da kann ich formen, was mir in den Kopf kommt«, erzählt die Hutmacherin. »Und auch in der Endgestaltung kann ich mich kreativ ausleben.« Den getrockneten, steifen Hut schneidet die Hutmacherin zunächst mit einer Schere erst grob, dann genau-

Magdalena Löhmann holt mit ihrer Hutmacherei eine alte Handwerkskunst in die Moderne. Am meisten liebt die junge Frau, dass sie dabei mit ihren Händen etwas Einzigartiges schaffen kann.

er zu. Magdalena verlässt sich dabei ganz auf ihr Augenmaß und Fingerspitzengefühl. Dann wird von Hand das Innenband eingenäht. »Perfekt gearbeitet ist die Naht, wenn man keinen einzigen Sticht sieht«, erklärt sie und zeigt den Hut: Das Band sieht aus wie aufgeklebt. Der Hutdeckel wird noch einmal am Dampfer erhitzt und erhält durch geschicktes Eindrücken seine finale Form. Jetzt bekommt die Kopfbedeckung ihre Garnierung. Mit Seidenkordeln oder Bändern versieht Magdalena ihre Hüte mit kleinen Details. Ist auch der Hutrand fein zugeschnitten, gebügelt und final geformt, ist die Kopfbedeckung schließlich fertig. Mit den ihr zur Verfügung stehenden Werkzeugen braucht die Modistin für einen Hut mehrere Stunden – zuzüglich der Trocknungszeiten. Für sie gibt es nichts Schöneres, als mit den Händen zu arbeiten. »Am Ende des Tages siehst du, was du geschafft hast, und darauf kannst du wirklich stolz sein.«

Die schönsten Momente sind für Magdalena jedoch die, wenn sie ihre Hüte im Alltag oder bei Festen entdeckt. »Wenn meine Kunden ihre Hüte aufsetzen, mit Stolz tragen, und das immer und immer wieder, das ist für mich das allergrößte Kompliment. Wenn ich irgendwo hinkomme und meine Hüte getragen sehe, das ist schon ein ganz tolles Gefühl.« In ihren jungen Jahren hat sie schon viel erreicht. Jetzt arbeitet sie daran, ihre eigene Handschrift zu festigen, ihre eigene Marke zu etablieren – sie will Traditionen wahren, Neues ausprobieren und die Hutkultur nebenbei zurück in die Moderne holen.

### M. Löhmanns Tipp

Wer zum Sonnenaufgang auf den Gipfel des 1351 m hohen Laubensteins in den Chiemgauer Alpen wandert, wird für das frühe Aufstehen und den sportlichen Aufstieg mit einem traumhaften Blick über den Chiemsee sowie die Kampenwand im Morgenlicht belohnt.

# Huber in der Zell

## Landgenuss für Feinschmecker

Thomas Reese ist Landwirt mit Leib und Seele. »Naturnahe Landwirtschaft, bei der das Tierwohl an erster Stelle steht – das war von Anfang an unsere Philosophie. Wenn wir Menschen Tiere essen möchten, dann tragen wir dafür auch Verantwortung – und für uns ist das hier die Form, wie man das wohl am besten vertreten kann. Wir versuchen unsere Tiere so natürlich wie möglich zu halten, das bedeutet Herdenverbände, Auslauf, Licht, Luft, Platz und ein gutes, eigens hergestelltes Futter.« Seit 2012 bewirtschaftet er mit seiner Frau Nici Braun den altehrwürdigen *Huberhof* in der Zell, einem kleinen Weiler der Gemeinde Wonneberg.

Auf dem *Huberhof* werden heute alte heimische Nutztierrassen gezüchtet, die vor rund zwanzig Jahren noch vom Aussterben bedroht waren. Und weil für Thomas Reese und Nici Braun, die beide in der Landwirtschaft groß geworden sind, das Wohl ihrer Kühe und Schweine an erster Stelle steht, sollen die Nutztiere, die zum Verzehr gezüchtet werden, ein mehr als gutes Leben führen dürfen. Daneben gibt es auf dem *Huberhof* einen kleinen Pferdepensionsbetrieb, Hunde, Katzen und Hühner – ein echter Bauernhof eben. Stück für Stück haben die beiden den einstigen Milchviehbetrieb ihren Grundsätzen entsprechend zu einem modernen, biozertifizierten Familienbetrieb entwickelt, der auch heute noch seinen alten Charme versprüht.

»Mit einer Pinzgauer-Mutterkuh-Haltung, Schwäbisch-Hällischen Landschweinen und der Pferdehaltung ist unser Bio-Betrieb relativ breit aufgestellt«, erzählt Thomas. Im Sommer stehen die rund 55 Pinzgauer auf den saftig grünen Weiden rund um den Hof, im Winter in großen, offenen artgerechten Ställen. Die Kälber dürfen fast ein ganzes Jahr lang die Muttermilch trinken, was sich in Kombination mit reichlich Bewegung durch die Weidehaltung positiv auf die Qualität des Fleischs auswirkt: saftig, aromatisch und wunderbar marmoriert. Letzteres kommt auch durch das hohe Schlachtalter von mindestens 24 bis 30 Monaten. Auch die robusten Schwäbisch-Hällischen Landschweine werden in Freilandhaltung

**HUBER IN DER ZELL**
Zell 17 • 83379 Wonneberg • Tel. 08681/271 • huberhof-zell.de
Öffnungszeiten: Fr 9–18 Uhr, Sa 9–13 Uhr
Die Hofladentage finden mehrmals im Jahr statt (s. Webseite).

Tipp vom Huberhof

Von Chieming nach Prien verläuft eine der schönsten Radstrecken im Chiemgau: Durch kühle Wälder und vorbei an kleinen Buchten geht es auf dem Chiemsee-Radweg durch die herrliche Natur – dabei (fast) immer im Blick: das Bayerische Meer und die Chiemgauer Alpen.

aufgezogen. Ihr ausgeprägtes Sozialverhalten dürfen Ferkel, Sau und Eber auf dem *Huberhof* im Familienverband ausleben, ganz ihrer Art gemäß. Im Sommer genießen die Schweine den weitläufigen Sauacker, wo sie sich nach Lust und Laune im Schlammbad suhlen und auch selbst auf Futtersuche gehen dürfen. Hierfür wird die etwa drei Hektar große Fläche mit Sonnenblumen, Gerste, Hafer, Klee, Bohnen und Erbsen eingesät. Den Winter verbringen die Tiere im Strohstall mit Auslauf. »Diese Art der Haltung ist schon besonders, und deshalb ist auch das Fleisch geschmacklich nicht zu vergleichen mit dem eines ›normalen‹ Bio-Schweins«, schwärmt der Landwirt, der neben der Tierhaltung nahezu das komplette Futtermittel selbst anbaut. Etwa zwanzig Hektar Weideland und noch einmal so viele Hektar an Pachtflächen bewirtschaftet der Hof.

Das Fleisch der Tiere wird nach einer stressfreien Schlachtung direkt am Hof in der hofeigenen Metzgerei verarbeitet – von Kopf bis Schwanz. »Verantwortungsvolle Tierhaltung bedeutet für uns auch, das komplette Tier bestmöglich zu verwerten, weshalb wir ein großes Sortiment haben«, erklärt Thomas. »Es gibt eigentlich nichts, was nicht in irgendeiner Art und Weise verwertet wird. Sogar die Knochen kochen wir aus und machen eine leckere Bouillon daraus.« Wichtig ist dem Landwirt auch, alles handwerklich herzustellen – so wie man es früher schon gemacht hat. »Das schönste Kompliment für mich ist, wenn ältere Herrschaften bei uns in den Hofladen kommen und sagen: ›Mei, des schmeckt wie früher!‹«

Wenn am *Huberhof* wieder Hofladentag ist, herrscht im idyllischen Weiler geschäftiges Treiben. Zahlreiche Kunden aus nah und fern kommen vorbei, um sich mit bestem Bio-Fleisch und handwerklich hergestellten Wurstvariationen einzudecken. Zarte Filets und Lenden von Landschwein und Weiderind sowie bis zu acht Wochen im Salzschrank gereifte Dry-Age-Steaks vom Weideochsen wandern genauso über die Theke des stilvoll eingerichteten Hofladens wie klassischer Braten und Suppenfleisch. Das Fleisch ist küchenfertig portioniert und vakuumiert. Daneben gibt es von Käsekrainern über Schinken und luftgetrocknete Salami bis hin zum Presssack alles, was das Brotzeit-Herz begehrt. Besonders beliebt sind die frischen Bratwürste: Ob klassisch, orientalisch, mit Kräutern und Parmesan, à la Salsiccia oder vom Rind – die rohen Würste vom *Huberhof* schmecken einfach ausgezeichnet. Abgerundet wird das Hofladensortiment mit Eiern, Waginger-See-Käse, Ziegenkäse, hausgemachtem Apfelsaft und frischem Brot. Und weil gute Qualität sich bekanntlich herumspricht, kommt es schon einmal vor, dass sich lange Schlangen vor den Türen des kleinen Hofladens bilden. Doch für feinsten Fleischgenuss mit gutem Gewissen steht man gern auch mal etwas länger an – und ganz nebenbei können die Wartenden dabei den herrlichen Ausblick auf die in der Ferne aufragenden Chiemgauer Alpen genießen.

Das Panorama können im Übrigen auch die Urlaubsgäste bestaunen, für die das ehemalige Melkerhaus zu einem traumhaften Ferienhaus mit Pool umgebaut wurde.

Von der verantwortungsvollen Aufzucht der Tiere in einer naturnahen Landwirtschaft bis zur Vermarktung der hochwertigen Produkte findet beim *Huber in der Zell* alles auf dem Hof statt.

# Finkennest Zillham

## Im Einklang mit der Natur

Den Satz »Eine Vollkornsemmel, bitte!« aus einem Kindermund zu hören, ist für Simon Fink die größte Motivation. Der Landwirt, Müller, Bäcker und Koch möchte es mit seinem *Finkennest* in Zillham anders machen als viele andere. Er hat sich der Mission verschrieben, den Menschen und allen voran den Kindern biologische Landwirtschaft und gesunde Ernährung näher zu bringen und sie mit leckeren Produkten zu begeistern. Im Vordergrund steht für ihn dabei eine nachhaltige Wirtschaftsweise. »Als Unternehmer ist es mir nicht das Wichtigste, einen großen Umsatz zu erwirtschaften, sondern Menschen zusammenzubringen, ihnen gutes Essen und eine schöne Zeit zu ermöglichen.« Simon Fink möchte einen regionalen Kreislauf schaffen. Er möchte das, was Mutter Erde uns gibt, nutzen, um ein gutes Korn zu erzeugen. Aus dem Korn mahlt er in der eigenen Mühle Mehl, um schließlich daraus Brot zu backen, das er vor Ort im eigenen Hofladen verkauft. Wie ein Vogelnest soll sein *Finkennest* ein Ort des Zusammenkommens sein. Ein Ort, an dem Erzeugung, Verarbeitung und Vermarktung, Landwirtschaft, Gastronomie und Erlebnis, Regionalität, Tradition und Moderne aufeinandertreffen. Klein, fein und besonders.

Das Fundament des *Finkennests* ist die Landwirtschaft, die Simon bereits in dritter Generation führt. Der Ackerbaubetrieb mit 11,6 Hektar Ackerfläche wird seit knapp vierzig Jahren biologisch und ökologisch bewirtschaftet. Im Einklang mit der Natur und mit Rücksicht auf die Umwelt. Was das bedeutet? »Wir säen das Getreide im September und Oktober aus und lassen es bis Juli stehen. Das Feld wird nicht mehr betreten, nicht berührt«, erklärt Simon. »Wir lassen das Getreide so wachsen, wie es die Natur will. Da wachsen Blumen, da wächst Unkraut. Und das ist in Ordnung so. Die Natur, die weiß schon, was sie machen muss. Die gibt es schon länger als uns Menschen, sag ich immer. Und ja, natürlich gehe ich damit ein gewisses Risiko ein. Aber das ist es mir wert. Da mag ich ein schlechter Betriebswirt sein, dafür stehe ich voll und ganz hinter unserer Philosophie. Lieber habe ich weniger Ertrag,

**FINKENNEST**

Zillham 12 • 83137 Schonstett • Tel. 08075/704 • finkennest-zillham.com
Öffnungszeiten: Hofcafé, Hofladen & Hofbäckerei: Fr 17–22 Uhr, Sa 14–22 Uhr, So 9.30–17.30 Uhr, Hofbäckerei sonntags ab 7 Uhr

BROT
FINKENNEST
100% BIO – 100% ECHT

dafür aber ein durch und durch gesundes Getreide.« Biologisch bedeutet allerdings nicht nur, auf Dünger oder Unkrautvernichter zu verzichten, sondern auch, dass Ausgleichs- und Blühflächen für Bienen und Insekten geschaffen werden, dass ein Biotop bewirtschaftet wird, abwechselnde Fruchtfolgen die Biodiversität erhalten und fördern und so wenig maschineller Einsatz wie möglich erfolgt. Durchschnittlich erwirtschaftet Simon einen Getreideertrag von bis zu 30 Tonnen pro Jahr.

Mit seiner biologischen Landwirtschaft hat er sich auf den Anbau alter Getreidesorten wie Emmer, Einkorn und Urdinkel spezialisiert. »Das Besondere an den alten Sorten ist, dass sie heute tatsächlich noch genauso wachsen wie vor Tausenden von Jahren«, erklärt Simon. »Sie haben einen viel höheren Vitamingehalt, mehr Mineralien und mehr Ballaststoffe. Für unsere Ernährung sind sie also viel gesünder als herkömmlicher Brotweizen.« Im Anbau unterscheiden sich die alten Sorten kaum von industriellen Saaten. Was heraussticht, ist, dass Emmer und Einkorn einen wesentlich niedrigeren Ertrag haben als Dinkel oder Weizen. »Wir verzichten ganz bewusst auf Masse, und das ist auch ein Grund, warum diese Getreidesorten aus der konventionellen Landwirtschaft verschwunden sind«, stellt Simon klar. »Uns geht es vor allem um die Qualität der Lebensmittel.« Weil der Absatz der alten Sorten so gering ist, gibt es auch nur sehr wenige Mühlen in der Region, die Emmer und Einkorn vermahlen. »Deshalb haben wir den Weg zur Direktvermarktung eingeschlagen und bieten

Simon Finks *Finkennest* steht für einen geschlossenen regionalen Kreislauf: vom biologischen Anbau des Korns über die Weiterverarbeitung bis hin zum Genuss.

alles aus einer Hand an – von der Aussaat des Korns bis zum fertigen Produkt. Unser Ziel ist es, unser gesamtes selbst erzeugtes Bio-Getreide direkt auf unserem Hof zu verarbeiten und an unsere Kunden zu verkaufen.«

Die Mehl- und Getreideprodukte aus dem eigenen Bio-Anbau werden in der Mühle des *Finkennests* verarbeitet und anschließend im Hofladen angeboten. Ein breites Sortiment füllt die Regale: von geschälten und polierten Getreidekörnern wie Dinkel, Emmer, Einkorn und Roggen über zwölf verschiedene Vollkorn- und fein ausgemahlene Mehlsorten bis hin zu einer großen Auswahl an Schroten und Kleien, beispielsweise für Müslis oder Porridge. Besonders beliebt ist der Getreidereis, eine Mischung aus leicht angeschliffenen Emmer-, Einkorn-, Roggen- und Dinkelkörnern, die beim Kochen ähnlich weich werden wie herkömmlicher Risottoreis. Auch leckere Pasta wird aus dem Bio-Getreide hergestellt. Aus der Hofbäckerei des *Finkennests* finden sich Brotchips und Knäckebrot in den Regalen des Hofladens. Und wer selbst backen möchte, greift am besten auf die Brotbackmischungen des *Finkennests* zurück oder besucht einen der angebotenen Brotbackkurse. Ausgezeichnet schmeckt auch die Grießbrei-Mischung, die beim landesweiten Wettbewerb »Bayerns Beste Bioprodukte« 2022 sogar Bronze gewann.

Neben dem Hofladen gibt es am *Finkennest* eine kleine Hofbäckerei, in der täglich nach traditioneller Handwerkskunst gebacken wird, sowie ein Hofcafé mit Restaurant, in dem regional, biologisch und frisch gekocht wird.

### Simon Finks Tipp

Unweit des *Finkennests* führt ein Moorrundweg durch Zillhamer und Ameranger Moos. Spannende Schautafeln bringen dabei den besonderen Naturraum Moor mit seiner einmaligen Flora und Fauna näher. Etwa eine Stunde braucht man für die informative, familientaugliche Wanderung.

# Brotknödel

Runde Sache und beste Resteverwertung

**Zutaten für 4 Portionen**

*Für die Knödel*
300 g geschnittenes Brot
300 ml Milch
3 Eier
Salz, Pfeffer, Majoran

*Je Portion*
30 g Butter
3–4 Salbeiblätter
4–5 Kirschtomaten
1 Handvoll Pfifferlinge

**Zubereitung**

Das geschnittene Brot mit der Milch und den Eiern zu einem Teig verarbeiten und mit Salz, Pfeffer und Majoran würzen. Den Teig zu Knödeln formen und diese in einen großen Topf mit siedendem Wasser geben. Die Knödel bei schwacher Hitze ca. 20 Minuten gar ziehen lassen. Die Brotknödel mit der Schaumkelle aus dem Wasser heben und gut abtropfen lassen.

Die Butter in einer Pfanne zerlassen und die Salbeiblätter hinzufügen. Anschließend die Pfifferlinge sowie die Kirschtomaten kurz darin anbraten. Dann die Knödel in der Kirschtomaten-Pfifferling-Salbeibutter schwenken und alles auf Tellern anrichten.

# Chiemgauer Seifenmanufaktur

## Die Welt der Düfte in handgesiedeten Seifen

Von der Natur inspiriert: Schon als Kind wollte Anna-Katharina Moser den Duft des Flieders einfangen. Heute kreiert sie aus hochwertigen Bio-Rohstoffen, selbst destillierten ätherischen Ölen sowie getrockneten Kräutern und Blüten aus dem heimischen Bauerngarten herrlich duftende Naturseifen. Mehrere Monate hat Anna-Katharina an der perfekten Basis-Rezeptur für ihre Seifenkreationen gefeilt. Diese stellt sie für eine sanfte und schonende Pflege der Haut im Kaltrührverfahren her. »Seifensieden ist ein bisschen wie Kuchenbacken«, erklärt Anna-Katharina. Zunächst werden die Bio-Basisöle wie Oliven-, Raps- oder Kokosöl, Kakao- oder Sheabutter auf eine Temperatur von ca. 38 °C erhitzt. Dabei ist das richtige Mischungsverhältnis wichtig, denn jedes Öl hat unterschiedliche Inhaltsstoffe und somit auch unterschiedliche Wirkungen und Funktionen innerhalb der Rezeptur. Und auch in der Anwendung unterscheiden sie sich: Manche spenden mehr Feuchtigkeit, andere wiederum sind stärker rückfettend.

In einem weiteren Gefäß stellt die Seifensiederin parallel eine Lauge aus Wasser und Natriumhydroxid her. Die zunächst 60–90 °C heiße Lauge wird anschließend wieder langsam abgekühlt und bei ca. 38 °C vorsichtig zu den Ölen gegeben. Dabei entsteht eine Art Seifenleim, der nun kalt gerührt wird. Je nach Seife gibt Anna-Katharina ätherische Öle, verschiedene Kräuter und Blüten oder natürliche Farbstoffe wie Heilerde hinzu – der Arbeitsschritt, der ihr am meisten Freude bereitet, denn hier kann sie ihre Kreativität ausleben und vollkommen in die Welt der Düfte eintauchen. Zum Schluss wird die Seife in lange Formen gegossen und härtet einige Tage aus. In handliche Stücke geschnitten, lässt Anna-Katharina die Seife schließlich noch über mehrere Wochen trocknen.

**CHIEMGAUER SEIFENMANUFAKTUR**
Am Weiherer Feld 2 • 83229 Aschau im Chiemgau • Tel. 01515/56039568
chiemgauerseifenmanufaktur.de
Öffnungszeiten: Der Selbstbedienungsladen hat rund um die Uhr geöffnet.

Chiemgauer
Seifenmanufaktur
NATURSIEDEREI

## Anna-K. Mosers Tipp

Ein wunderbarer Kraftplatz ist der Schoßrinn-Wasserfall im Priental: Über fast 100 m stürzen die Wassermassen an der Felswand in die Tiefe und formen ein Naturschauspiel, das fasziniert, erdet und zugleich neue Lebensenergie schenkt.

Etwa zehn Sorten hat die *Chiemgauer Seifenmanufaktur* in ihrem Standardrepertoire. Besonders beliebt ist im Sommer die Gute-Laune-Seife mit fruchtiger Zitrusnote und erdender Zeder. Aber auch die Küchenseife mit gemahlenem Kaffee als Peeling, die Gärtnerseife für besonders schmutzige Hände, die Sensitiv-Seife für sensible Haut, die Chiemgauer Honigseife oder die Männerseife mit Bergamotte und Zeder kommen gut an. Anna-Katharinas persönlicher Favorit ist die Lavendel-Ziegenseife, denn die ist nicht nur wunderbar beruhigend und wohltuend, sondern auch aus der Ziegenmilch vom elterlichen Hof erzeugt – dem Ort, an dem Anna-Katharinas Liebe zur Natur ihre Wurzeln hat, dem Ort, der sie von Kindheit an geprägt hat. Und nicht nur das: Auch der Ursprung der eigenen Seifen liegt hier. Zum Muttertag wollte sie ihre Mama, die eine Hofkäserei in Niederbayern betreibt, vor einigen Jahren mit einer eigenen Ziegenmilch- und Schafmolkeseife überraschen. Kurzerhand fuhr sie mit einem Liter Milch zu einer Natursiederei in der Nähe, und schon gab es die erste eigene Naturseife. Mittlerweile werden aus Ziege Paulines Milch bereits sechs verschiedene Ziegenmilchseifen hergestellt, und über die Zeit reifte der Gedanke, dass man diese doch auch selbst produzieren könnte. Als Anna-Katharina dann noch einen Kurs zum Destillieren von ätherischen Ölen absolvierte, kam eines zum anderen – der Rest ist Geschichte. Heute darf sie als Seifensiederin ihre Berufung ausleben und dabei dem folgen, was ihr viel Freude bereitet: dem Arbeiten mit Naturprodukten, Kräutern und Düften. »Wenn man etwas aus vollem Herzen tut, dann geht es einem auch gut dabei«, sagt sie.

Ihre Basisrezeptur hat sich Anna-Katharina von einem Labor zertifizieren lassen. »Der gesamte Prozess, vom Einkauf der Rohstoffe über die Herstellung der Seifen bis zum Verkauf soll transparent und authentisch sein, das ist mir besonders wichtig«, betont sie. »Meine Seifen entstehen mit Herzblut und Leidenschaft, und das soll man auch sehen.« Eine weitere Eigenschaft der Produkte der *Chiemgauer Seifenmanufaktur*: Sie sind etwa zehn Prozent überfettet, was bedeutet, dass etwa zehn Prozent der enthaltenen wertvollen Fette nach der Anwendung schützend auf der Haut erhalten bleiben. Müsste sie ihre Seifensiederei in drei Worten beschreiben, dann wären es wohl diese: natürlich, kreativ, glücklich – natürlich, weil nur erlesene Zutaten aus der Natur ihren Weg in die Seife finden, kreativ, weil dabei die tollsten Kreationen entstehen dürfen, und glücklich, weil die Seifen nicht nur Anna-Katharina sehr glücklich machen, sondern auch ihre Kunden.

Die Naturseifen und kleines Zubehör wie Seifenschälchen oder Luffa-Naturschwämme verkauft Anna-Katharina in ihrem kleinen Selbstbedienungsladen in Aschau im Chiemgau, der rund um die Uhr geöffnet hat. Die Stücke sind, hübsch verpackt, auch ein wunderbares Geschenk oder Mitbringsel. Daneben beliefert die *Chiemgauer Seifenmanufaktur* verschiedene Läden in der Region. Hin und wieder trifft man die leidenschaftliche Seifensiederin auch auf Märkten an. Und wer es noch individueller mag, kann sich jederzeit seine ganz eigene Seife mit eigener Banderole von Anna-Katharina produzieren lassen.

Hochwertige Rohstoffe, wundervolle Düfte, ein tolles Design und eine Prise Liebe: Das ist das Erfolgsrezept von Anna-Katharina Moser und ihrer *Chiemgauer Seifenmanufaktur*.

# Sailerhof

## Gebrannte Leidenschaft

Auf einer kleinen Anhöhe zwischen Taching am See und Tengling liegt der malerische *Sailerhof*. Seit 1847 ist er bereits im Besitz der Familie Gramminger, die hier mit viel Herzblut ein idyllisches Urlaubs- und Erlebnisparadies geschaffen hat. Nicht zuletzt die alten Streuobstwiesen rundherum verleihen dem *Sailerhof* seinen einmaligen Charme – die köstliche Ernte der rund achtzig hofeigenen Obstbäume wird seit 1971 zu hochwertigen Bränden veredelt. Damals erhielt die Familie das dafür notwendige Brennrecht. Heute lenkt Franz Gramminger jun. mit seiner Frau Hannah die Geschicke des *Sailerhofs*.

Der passionierte Brenner steht für ehrliche, echte, regionale Erzeugnisse. »Bei uns kommt nur 100 Prozent Frucht ins Glas«, betont Franz. Die Spirituosen vom *Sailerhof* sind ein reines Naturprodukt und werden ohne Zuckerzusatz oder künstliche Aromen hergestellt. »Bei großen Brennereien ist es fast schon üblich, die Destillate nach dem Brennen durch Zusatzstoffe geschmacklich zu optimieren. Etwas, das für uns keinesfalls in Frage kommt. So wie es aus dem Kessel oder Fass läuft, so bleibt es, und da kann man dann auch nichts mehr verstecken. Das ist uns ganz wichtig«, erklärt er. »Leider dürfen wir auf den Etiketten nicht vermerken, dass unsere Brände ungezuckert sind. Deshalb ist das auch bei unseren Brennereiführungen ein großes Thema: den Leuten den Unterschied zu vermitteln zwischen den süßen und den nicht so süßen Bränden.«

Ein Grund für die ausgezeichnete Qualität der *Sailerhof*-Destillate ist die sorgfältige handwerkliche Erzeugung. Ein weiterer liegt im ausgezeichneten Obst, das für die Herstellung verwendet wird: Nahezu das gesamte dafür benötigte Obst wird aus einem Umkreis von rund dreißig Kilometern bezogen. »Was in der Gegend wächst, wird auch von uns hergenommen«, betont Franz. Rund um den Tachinger und den Waginger See gibt es zahlreiche Streuobstwiesen mit einer Vielzahl alter Obstsorten. »Wir sind froh, dass wir zusätzlich zu unserem eigenen Streuobst so viele Erzeuger vor Ort haben, die uns teilweise schon seit Jahrzehnten mit ihrer Ernte beliefern.« Auch wenn das mehr Aufwand bedeutet, da die Leute ihr Obst nach und nach bringen und nicht auf einmal.

**SAILERHOF**

**Familie Gramminger** • Mauerham 3 • 83373 Taching am See • Tel. 08687/217 • sailerhof.de
Öffnungszeiten: Mo–Fr 9–12.30/13.30–17 Uhr, Sa 9–12.30/13.30–16 Uhr

Gläser
4,90,-

### Franz Grammingers Tipp

Traumhaft schön ist das Tenglinger Strandbad – vor allem am Abend. Am besten mit einem Bier, Aperol oder alkoholfreien Drink in der Hand den Blick über den See hinweg in die Berge schweifen lassen und den Sonnenuntergang genießen!

»Klar könnte man es sich auch einfach machen, aber uns ist es wichtig, dass jeder, der sich hier in der Region die Arbeit macht, eine Streuobstwiese zu pflegen und zu erhalten, durch uns die Möglichkeit erhält, damit auch eine gewisse Wertschöpfung zu erzielen.«

Mehr als vierzig verschiedene Obstbrand- und Likör-Spezialitäten werden in der Brennerei des *Sailerhofs* erzeugt – nach alten Rezepturen und traditionellen Verfahren, kombiniert mit modernster Technik. Im stilvollen Ambiente des Hofladens, zu dem neben einem einzigartigen Gewölbe auch der 120 Liter fassende, metallisch glänzende Kupferkessel beiträgt, können die Kostbarkeiten in aller Ruhe bestaunt, probiert und erworben werden. Neben klassischen Obst- und Kräuterbränden, wie beispielsweise von Apfel, Birne, Marille oder Zwetschge, reihen sich auch Geiste, Liköre, Gin und Bio-Brände in den Regalen. Die eine oder andere Rarität holt Franz gern bei seinen Brennereiführungen oder bei Verkostungen hervor. Dann dürfen Mispel-, Vogelbeeren- und Schlehengeist, Haselnuss-, Walnuss- und Bratapfellikör probiert werden. Ein echtes Highlight: der zehn Jahre im Eichenfass gelagerte, goldgelb leuchtende Traubenbrand mit seinen feinen Aromanoten.

Um solch ein volles Aroma und einen milden Geschmack garantieren zu können, werden alle Erzeugnisse mindestens zwei Jahre gelagert, ehe sie in den Verkauf kommen. »Brände und Geiste werden bei richtiger Lagerung mit zunehmendem Alter milder«, erklärt

Franz. »Wir geben ihnen die Zeit, die sie brauchen.« Eine weitere Besonderheit der handgemachten Destillate vom *Sailerhof*: Seit 2019 werden in enger Zusammenarbeit mit der Ökomodellregion Waginger See und dem Landschaftspflegeverband auch Bio-Obstbrände hergestellt. Dass eine biozertifizierte Brennerei echten Seltenheitswert hat, zeigt die überregionale Nachfrage: So ist über den Online-Shop sogar ein thüringisches Bio-Hotel auf den Chiemgauer Bio-Schnaps aufmerksam geworden. »Denn der ist nämlich gar nicht so leicht anderswo zu bekommen«, meint Franz stolz. »Das sind für mich auch die Momente, die uns motivieren, weiterzumachen, dranzubleiben.« Und so gibt es nach der erfolgreichen Bio-Zertifizierung vielleicht auch einmal sortenreine Brände oder einen alkoholfreien Gin im Repertoire – Ideen gibt es jedenfalls genug.

»Wenn ich im Frühling die Obstbäume schneide, im Spätsommer schließlich das Obst ernte, es dann nach aller Kunst verarbeiten darf und Jahre später ein wunderbar aromatisches Destillat daraus genießen kann – das ist für mich das Allergrößte. Zu sehen, zu schmecken, festhalten zu können, was man da geschaffen hat, das ist unheimlich toll. Und dieses Gefühl, das hält auch unglaublich lange an. Wir haben bis zu zwanzig Jahre alte Schnäpse. Da kann man heute noch schmecken, was man vor zwei Jahrzehnten geerntet hat. Das ist echter Genuss!«

Ihren Platz, den haben Franz und Hannah wenige Jahre nach der Übernahme des *Sailerhofs* von Franz' Eltern gefunden. »Wir haben

Volles Aroma und milder Geschmack:
Die Destillate vom Sailerhof bekommen die Zeit, die sie brauchen,
um zu edlen Bränden und Geisten zu reifen.

uns bewusst für den Hof und die Brennerei entschieden«, betont er. »Und deshalb haben wir anfangs auch einiges umgekrempelt. Uns war immer am wichtigsten, dass es uns gut geht, dass wir das machen können, was wir gern machen, was uns begeistert.« Dass die Brennerei für Franz nicht nur ein Job, sondern echte Leidenschaft ist, spürt man sofort. »Und wenn ich so darüber nachdenke, dann darf es – zumindest für die nächsten Jahre – auch so bleiben, wie es ist«, gesteht der junge Landwirt. »Das meiste, was wir uns vorgenommen haben, haben wir erreicht. Wir haben uns eine tolle Basis geschaffen, und die Richtung stimmt. Natürlich darf hier und da noch etwas nachjustiert werden. Und natürlich wollen wir uns auch in Zukunft noch weiterentwickeln. Aber eins nach dem anderen, Schritt für Schritt.«

Im Hofladen können die Spirituosen nicht nur erworben, sondern auch verkostet werden.

# Himbeertonic

**Zutaten für ein Glas (200 ml)**

4 cl Himbeergeist, 4 Eiswürfel, 4 gefrorene Himbeeren, ca. 0,15 l Tonic Water

**Zubereitung**

Alle Zutaten in ein Glas mit 0,2 l Volumen füllen und mit Tonic Water aufgießen.

# Chiemgauer Weberei

## Von Hand gewebte Unikate

Sie zählt zu den ältesten Handwerken der Menschheit: die Weberei. Im Chiemgau wird die traditionelle Handwerkskunst heute noch gelebt, z. B. in der Teppichmanufaktur der *Chiemgauer Weberei* in Bad Endorf. Seit 1935 werden hier aus Schafwolle, Baumwolle oder Fleckerlstoffen in Handarbeit individuelle Unikate gefertigt. »Wir sind ein Familienbetrieb in dritter Generation«, erzählt Christian Edenhofer. Auch wenn der Geschäftsführer ursprünglich etwas anderes machen wollte, hat er im Weber schließlich einen tollen Beruf gefunden. »Das Schöne ist die Kombination aus Handwerk und kaufmännischer Arbeit. Für mich ist das die perfekte Mischung.« Und nebenbei darf er das fortführen, was einst seine Großeltern und später seine Eltern über Jahrzehnte hinweg erfolgreich aufgebaut haben.

Auch heute sind die handgefertigten Teppiche der *Chiemgauer Weberei* wegen ihrer hervorragenden Eigenschaften sehr beliebt. Die Wollteppiche sind äußerst strapazierfähig und pflegeleicht. Durch ihren selbstreinigenden Effekt baut die Wolle auf natürliche Weise Bakterien ab und nimmt Schadstoffe auf – so schafft sie ein angenehmes, gesundes Raum- und Wohnklima. Wolle ist eine einzigartige natürliche textile Faser, die isoliert und temperaturausgleichend ist, d. h. sie kühlt im Sommer und wärmt im Winter – beste Voraussetzungen für einen Teppich oder eine Sitzauflage.

Wer sein Zuhause mit einem Handwebstück der *Chiemgauer Weberei* noch wohnlicher machen möchte, hat viele Möglichkeiten: Farbe, Maße, Struktur – alles kann vorab individuell ausgesucht werden und wird anschließend nach alter bayerischer Handwerkskunst gefertigt. Inspiration findet man in der Teppichausstellung der Weberei. Wer bei den dortigen Exemplaren nicht fündig wird, gibt einfach einen individuellen Wunschteppich in Auftrag.

Auch wenn sich die Designs, Farben und Muster dem Zeitgeist angepasst haben, ist das Herstellungsverfahren das gleiche geblieben.

**CHIEMGAUER WEBEREI**
Produktion: Ströbing 13 • 83093 Bad Endorf • Tel. 08053/79660
Laden: Marktplatz 14 • 83209 Prien am Chiemsee • Tel. 08051/9679485
chiemgauer-weberei.de
Öffnungszeiten: Bad Endorf: Mo–Fr 8–12/13–17 Uhr, Sa 10–12 Uhr
Prien: Di–Fr 10–18 Uhr, Sa 10–12 Uhr

## Ch. Edenhofers Tipp

Unweit der Weberei sorgt inmitten des Bad Endorfer Kurparks die schöne Kneipp-anlage besonders an heißen Tagen für eine herrliche Erfrischung. Anschließend lädt der von Wiesen und Bäumen umgebene Platz zum Verweilen und Entspannen ein.

»Bei uns trifft Tradition auf Moderne«, erklärt Christian. »Wir weben nach wie vor auf alten Schützenwebstühlen. Die meisten sind aus den 1950er-, 1960er- und 1970er-Jahren. Wenn etwas kaputt geht, muss man sich richtig reinfuchsen und tüfteln, denn Kundenservice haben wir nicht. Dafür aber eine eigene Schlosserei. Die alten Maschinen sind etwas, das unseren Beruf immer wieder herausfordernd und abwechslungsreich macht«, schmunzelt er.

Die Webstühle der *Chiemgauer Weberei* haben schon viel erlebt und könnten sicherlich einige Geschichten erzählen. Trotz mechanischer Unterstützung ist bei der Produktion viel geschickte Handarbeit notwendig. Während bei den kleineren Webstühlen das Schiffchen schon automatisch hin und her geschossen wird, wird das Garn am größten Webstuhl noch per Hand durchgeschossen. Lediglich der Anschlag der Weblade erfolgt mechanisch. Für die Mitarbeiter bedeutet das viel Fußarbeit: Schuss für Schuss geht es mehrere Meter von links nach rechts und zurück. »Bei einer möglichen Breite von bis zu vier Metern läuft man für einen großen Teppich schon einmal mehrere Kilometer«, stellt Christian fest. Da ist Ausdauer gefragt.

Doch die alten Maschinen bieten auch viele Vorteile: »Wir fertigen jeden Teppich kundenbezogen und können ein Höchstmaß an Individualisierung bieten.« Die Breiten reichen von einigen Zentimetern bis zu knapp vier Metern, die Länge ist variabel. Je nach Auftrag beträgt die Lieferzeit zwischen vier und acht Wochen. »Wir weben auf jedem unserer Webstühle ein gewisses Spektrum – beispielsweise von 1,70 bis 2,90 Metern. Wenn der Webstuhl gerade auf 1,70 Meter eingestellt ist, kann man direkt im Anschluss keinen Teppich von 2,90 Metern herstellen. Wir weben immer in Stufen und arbeiten uns in Zwischengrößen bis zum bestellten Maß und dann auch wieder runter, je nachdem, was gerade gewünscht wird. Da ist eine gute Planung wichtig.« Und auch ein gewisses Maß an Geduld. Doch das Warten lohnt sich: Die Teppiche der *Chiemgauer Weberei* sind ein reines Naturprodukt.

Zunächst wird aus der gewaschenen Rohwolle in der hauseigenen Spinnerei das Garn hergestellt. Ein Teil der verwendeten Schurwolle ist naturbelassen, ein weiterer Teil wurde zuvor nach höchsten Qualitätsansprüchen eingefärbt. Knapp vierzig verschiedene Unifarben können beim Spinnen miteinander kombiniert werden und ermöglichen so eine enorme Farbauswahl. Auch die für das Weben notwendigen Kettbäume werden vor Ort mit Kettfäden bestückt. Die uralte Maschine ist eine Rarität und wird gehütet wie ein Schatz. Schließlich wird das gesponnene Garn in der Weberei verarbeitet. Ist der Webstuhl eingestellt, wird das Garn Reihe für Reihe im rechten Winkel mit den Kettfäden verwebt. »Im Vergleich zu industriellen Webereien, die Kunstfasern verwenden, weben wir auf einer reißfesten Naturfaser-Leinenkette und können eine hundertprozentige Naturproduktion anbieten«, betont Christian. Sobald der Teppich fertiggestellt ist, erfolgt die Endkonfiguration. Dabei werden die Ränder abgenäht und herausstehende Fäden manuell geputzt. Ist die Qualitätskontrolle abgeschlossen, darf der Teppich in den Verkauf – und einem Zuhause ein Stück mehr natürliches Ambiente verleihen.

Egal, ob kunterbunter Fleckerl-, moderner Baumwoll- oder hochwertiger Schafwollteppich: Jedes Produkt der *Chiemgauer Weberei* ist ein von Hand gewebtes Unikat und erfüllt höchste Qualitätsansprüche.

# Chiemseefischerei Stephan

## Fangfrischer Fisch

Mal stürmisch und rau, mal unglaublich still, mal nebelverhangen und mystisch, mal himmlisch leuchtend – Tag für Tag verbringt Martin Schönleitner die frühen Morgenstunden auf dem Chiemsee. Gemeinsam mit seiner Frau Verena hat er 2019 die *Chiemseefischerei Stephan* von seinen Schwiegereltern übernommen. Das Fischereihandwerk ist seit mehr als vierhundert Jahren in der Familie, einer von nunmehr 16 alteingesessenen Fischerfamilien am Chiemsee, verankert.

Sanft plätschert das Wasser am Ufer des Chiemsees. Martin lässt den Bootsmotor des kleinen Fischerboots an und beginnt seinen Arbeitstag – so wie fast alle Tage und bei beinahe jedem Wetter. Insgesamt fünf Bojenplätze wird er an diesem Morgen anfahren und er wird die Netze einholen. Fisch für Fisch landet der Fang in eisgekühlten Kisten. Eine meditative und zugleich körperlich anstrengende Arbeit. »Dass wir ganz leer ausgehen, kommt eigentlich nie vor, aber Tage mit nur 20 Fischen, die gibt es schon hin und wieder. Damit lernt man zu leben, dass es gute und schlechte Tage gibt. Wir arbeiten eben mit der Natur«, erzählt er. An den ersten vier Wochentagen legt Martin die geleerten Netze für den kommenden Fangtag zurück ins Wasser. Nur freitags nimmt er sie mit nach Hause, um etwaige Schäden zu beseitigen und verfangenen Unrat zu entfernen. Sonntags werden die Netze wieder ausgebracht.

Im Sommer landen hauptsächlich Renken im Netz – der Brotfisch der Berufsfischer und das kulinarische Aushängeschild des Chiemsees. Ein edler Fisch, der mit seinem hellen, zarten und aromatischen Fleisch in nahezu jeder Form schmeckt: gegrillt, gebraten, gebacken, geräuchert oder als Stockfisch. Anders als beispielsweise Forellen können Renken nicht in Becken gezüchtet werden, denn der

**CHIEMSEEFISCHEREI STEPHAN**
Alte Rathausstr. 31b • 83209 Prien am Chiemsee • Tel. 08051/2423
chiemseefischerei-stephan.de
Öffnungszeiten: Fischtheke: Di–Fr 9–18 Uhr, Sa 9–14 Uhr; Fischbistro: Di–Sa 11–14 Uhr

## Martin Schönleitners Tipp

Eine Bootsfahrt auf dem Chiemsee ist jedes Mal aufs Neue ein tolles Erlebnis. Direkt an der Seepromenade in Prien liegen die rot-weiß lackierten Boote des Bootsverleihs Stöffl. Familie Wappmannsberger führt den Verleih mit viel Engagement und macht auch besondere Wünsche möglich.

Schwarmfisch braucht Freiwasser und einen ausreichend großen Lebensraum – und findet dafür im Bayerischen Meer beste Bedingungen. »Was den Fischfang angeht, ist der Chiemsee eines der besten Reviere in Bayern«, weiß Martin. »Wir haben den Vorteil, dass unser See nicht zu tief ist, dass er einen sehr schnellen Wasseraustausch hat und wir guten Wind haben.« Eineinhalb Jahre braucht es etwa, bis sich das Wasser des Chiemsees einmal erneuert hat. Der Wasseraustausch sowie die Durchmischung der tiefer und der höher gelegenen Schichten ist elementar für ein funktionierendes Ökosystem, denn dabei verteilen sich die Nährstoffe gleichmäßig im gesamten See und schaffen beste Bedingungen für die große Vielfalt an Lebewesen.

Nach etwa zweieinhalb Stunden kehrt Martin mit seinem Fang nach Hause zurück. Jetzt geht es richtig los, und auf die Ruhe am See folgt geschäftiges Treiben. Viele Hände richten den fangfrischen Fisch für die Fischtheke und das Bistro her: Schuppen, Filetieren, Marinieren, Zubereiten. Wie seine Frau Verena ist auch Martin studierter Betriebswirt und gelernter Fischwirt. Beide wollen Altes bewahren und Neues wagen. Ein erster Schritt dazu war die umfangreiche Umgestaltung des Fischeranwesens: Die Verkaufstheke und das Bistro wurden erweitert, die Verarbeitungsräume modernisiert. Eine wichtige Investition, denn alle Produkte, die später in der Theke oder auf dem Teller landen, werden nach wie vor in reiner

Handarbeit hergestellt. Das Räuchern der Fische über dem Rauch des offenen Feuers sowie das anschließende Filetieren übernimmt Verenas Mutter Bernadette, die nach wie vor eine wichtige helfende Hand und Stütze im Familienbetrieb ist. So hauchdünn wie sie die Scheiben der Graved Lachsforelle schneidet, können es wohl nur wenige.

»Bei der Verarbeitung versuchen wir nicht nur, den ganzen Fisch zu nutzen, sondern ihn auch möglichst stark zu veredeln, also das Beste aus jedem Fisch herauszuholen.« Im Fischbistro der *Chiemseefischerei Stephan* werden deshalb nicht nur Fischsemmeln oder Steckerlfisch – Klassiker, die besonders bei Touristen beliebt sind – angeboten, sondern auch Renken-Matjes, Fischgulasch, Fischsuppe oder saisonal zubereitete Fischfilets. Ein kulinarisches Highlight sind sicherlich die »dry-aged«, also im Trockenschrank gereiften Fische. Freitags jedoch ist und bleibt die Küche ganz traditionell, denn dann ist der seit Jahrzehnten allseits beliebte Backfischtag.

Die Fischtheke ist je nach Fang mit täglich wechselnden Angeboten bestückt. Beinahe ganzjährig ist die Chiemsee-Renke erhältlich – fangfrisch oder geräuchert, im Ganzen oder als Filet, als Matjes, Backfisch oder im Fischsalat. Auch die Chiemsee-Brachse geht den Fischern häufig ins Netz. Seltenere Beifänge sind Zander, Barsch, Hecht, Rutte, Schlei, Karpfen, Hasel oder Seeforelle. Daneben bietet die Familie auch hochwertige Forellen, Lachsforellen und Saiblinge von Teichwirten aus der Region an. Und wer sich bezüglich der

Der Fischfang ist ein elementarer Bestandteil des Bayerischen Meers. Die Fischer ziehen nicht nur kulinarische Schmankerl an Land, sondern sorgen auch für den Erhalt der Artenvielfalt.

Zubereitung des Fischs nicht ganz sicher ist, dem verraten die Stephans gern ihre altbewährten Tipps.

Die *Chiemseefischerei Stephan* ist besonders bei den Einheimischen beliebt. »Das ist wohl hauptsächlich der Lage geschuldet«, stellt Martin fest. »Wir sind die Einzigen, die nicht direkt am See, sondern etwas versteckt liegen.« Der Grund dafür liegt zwei Generationen zurück: Verenas Großvater Max und dessen älterer Bruder Hans hatten sich beide dem Fischerhandwerk verschrieben. Da Hans als erstgeborener Sohn den elterlichen Betrieb in Osternach fortführte, siedelte der jüngere Max Stephan in den Priener Ortsteil Bruck um.

Die *Chiemseefischerei Stephan* ist für viele ihrer Kunden mittlerweile ein beliebter Treffpunkt. Einen großen Anteil daran hat sicherlich Engelbert, Verenas Vater: Über Jahrzehnte hinweg hat der kommunikative und bestens vernetzte Fischer sich nicht nur ums Fischen, sondern auch um das Wohl der Gäste des Fischbistros gekümmert. »Wir bringen Menschen zusammen, und das macht – finde ich – unseren Beruf besonders schön«, erzählt Martin und ergänzt: »Viele Kunden kennen wir mittlerweile gut.« Die enge Bindung zeigt sich immer wieder in kleinen Gesten. »Es ist ein schönes Gefühl, dass die Leute einem immer wieder zeigen, dass sie froh sind, dass es so etwas wie uns gibt. Das geht weit über das reine Einkaufen hinaus. Sie freuen sich, kommen gern zu dir und wissen deine Arbeit zu schätzen.« Es scheint, als hätten Verena und Martin den richtigen Weg eingeschlagen.

Altes bewahren und Neues wagen:
Mit diesem Leitspruch haben Verena Stephan und ihr Mann
Martin Schönleitner den Familienbetrieb umgestaltet.

# Tatar von der Graved Lachsforelle

Hier darf gern hochgestapelt werden

**Zutaten für 4 Personen**

2 Salatgurken
Salz
500 g Graved Lachsforelle
1/4 Bund Dill
1/4 Bund Schnittlauch
1 EL Olivenöl
Pfeffer
Zeste von 1/2 Zitrone
1 TL Honig
1 TL Senf
200 g Sauerrahm
Schwarzer Sesam
Etwas Dill zum Garnieren

**Zubereitung**

Am Vortag die Salatgurken würfeln und salzen. Auf einem Abtropfblech kühl stellen, sodass das Wasser, das der Gurke entzogen wird, ablaufen kann.

Die Haut der Graved-Lachsforellen-Filets abziehen, sodass man etwa 500 g Fisch zum Weiterverarbeiten hat, und die Filets fein hacken. Dill und Schnittlauch fein hacken und zum Fisch geben. Etwas Olivenöl, Pfeffer, Zitronenzeste, Honig und Senf untermischen.

Nun die einzelnen Schichten in einem Dessertring anrichten: Unten die gewürfelten Gurken einlegen, darüber die Graved-Lachsforellen-Mischung geben und zum Schluss den Sauerrahm einfüllen und glattstreichen. Den Turm mit schwarzem Sesam und Dill garnieren und kühl stellen.

Zum Anrichten die Türme mittig auf flachen Tellern platzieren.

**TIPP**

Am besten serviert man das Fischtatar mit Kartoffelrösti und feinen Blattsalaten.

# Chiemgauer Ölmühle

## Tropfen für Tropfen feinste Qualität

Eigentlich liegt der Ursprung der *Chiemgauer Ölmühle* gar nicht bei Johann Niedl – und doch ist er heute die treibende Kraft hinter der kleinen Manufaktur. Mit Leidenschaft für beste Qualität stellt er in seiner Mühle in Sondermoning feinste Öle für eine vollwertige Ernährung her. Der ursprüngliche Impuls dazu kam von seiner Nachbarin: Auf der Suche nach hochwertigem Leinöl als Baustein einer gesunden Ernährung musste sie feststellen, dass es ein Öl, das ihren Ansprüchen gerecht wird, schlichtweg nicht gibt. Frisch sollte es sein, denn sonst schmeckt es nicht. Dazu bio und regional. So wurde kurzerhand gemeinsam mit einer weiteren Mitstreiterin eine Ölmühle angeschafft und das gewünschte Leinöl mit seinen wertvollen Inhaltsstoffen selbst produziert. »Da die Mühle zwar klein, aber eben doch kein normales Haushaltsgerät war, das man schnell einmal ein- und ausschaltet wie einen Mixer, sondern eine richtige Maschine, die auch einmal Werkzeug und Muskelkraft braucht, ist sie in meinem Keller gelandet«, erzählt Johann. Tropfen für Tropfen wurde von nun an feinstes Öl gepresst. Und weil sich gute Qualität schnell herumspricht, klopften keine drei Monate später die ersten Bioläden an. So wurde kurzerhand ein Gewerbe angemeldet. »So ein Kleingewerbe ist ja per se auch schnell angemeldet«, stellt Johann rückblickend fest. »Doch was dann alles daran hängt, das habe ich anfangs wirklich unterschätzt.« Denn wer Speiseöl herstellen möchte, muss sich zudem mit der Lebensmittelüberwachung auseinandersetzen. Und weil auch Bioläden das Öl verkaufen wollten, musste es natürlich entsprechend zertifiziert werden. Zwar ist das EU-Bio-Siegel mit überschaubaren Auflagen verbunden, für kleine Betriebe ist es allerdings sehr kostspielig. »Aus dem einfachen Fakt, dass Leinöl gesund ist und wir es deshalb in unsere Ernährung einbauen wollten, ist eine ganze Manufaktur entstanden, die so nie geplant war«, resümiert Johann. »Das ist alles einfach so auf uns zugekommen. Wir haben immer nur einen Schritt nach dem anderen gemacht – bis auf Demeter«, lacht er, »das habe ich mir selbst

**CHIEMGAUER ÖLMÜHLE**

Tel. 08669/909 90 00 • chiemgauer-oelmuehle.de
Die Produkte der Chiemgauer Ölmühle können in verschiedenen Bioläden im Chiemgau sowie über den Online-Shop erworben werden.

Lein

eingebildet.« Die Demeter-Zertifizierung ist nicht nur mit wesentlich höheren Auflagen als das EU-Bio-Siegel verbunden, sondern auch ziemlich teuer. Zusammengenommen ist die Zertifizierung für kleine Betriebe fast nicht mehr realisierbar, und so wird auch in der Chiemgauer Ölmühle die Rezertifizierung Jahr für Jahr aus Neue genau überlegt.

»Unser Ansatz war ja von Anfang an regional und bio. Aber erst nachdem wir den Entschluss gefasst hatten, die Mühle zu kaufen, haben wir uns auf den Weg gemacht, Lieferanten für unsere Rohstoffe zu suchen. Rückblickend war das ziemlich naiv«, gesteht Johann. Denn so unkompliziert und schnell der Erwerb und Betrieb der ersten eigenen Ölmühle funktionierte, so schwierig war und ist die Suche nach geeigneten Rohstoff-Lieferanten. Es wurde Stunden über Stunden recherchiert und telefoniert. Der Leinbedarf in Deutschland ist viel höher als das, was hierzulande angebaut wird. Viele Produzenten gehen den einfachen Weg und greifen auf Rohstoffe vom Weltmarkt zurück. »Für uns war das nie eine Option«, erklärt Johann. Hinzu kommt, dass Lein eine sehr filigrane Pflanze ist, deren Anbau einem Glücksspiel gleicht. »Die Bauern schreien da natürlich nicht hurra, wenn ich ankomme – auch wenn ich eine Abnahmegarantie gebe und einen entsprechenden Preis zahle.« Nach längerer Suche wurde dann doch ein Bauer in Waging gefunden, der Lein in Bio-Qualität anbaut. Doch als dessen Mengen nicht mehr ausreichten, ging die aufreibende Suche von vorne los. Mittlerweile hat Johann glück-

Regional und biozertifiziert ist Pflicht: Die größte Herausforderung für Johann Niedl ist, die passenden Lieferanten für die Saaten zu finden, aus denen später die Öle der *Chiemgauer Ölmühle* gewonnen werden.

licherweise einen ganz guten Lieferantenstamm.

Das frisch gepresste Leinöl, das dank seiner wertvollen Inhaltsstoffe wie essenziellen Omega-3-Fettsäuren sehr gesund für den Menschen ist, bildet das Kerngeschäft der Chiemgauer Ölmühle. Aufgrund der Nachfrage wurde das Sortiment dennoch nach und nach erweitert. »Ich wurde immer wieder gefragt, was ich sonst noch so im Angebot habe, und nachdem mit der Zeit auch mein eigenes Interesse an Ölen gewachsen ist, habe ich die Produktpalette ausgebaut.« So gibt es nun kaltgepresstes Hanföl, Leindotter- und Senföl aus der Chiemgauer Ölmühle. »Mittlerweile treibt mich die Vision an, alle Öle zu produzieren, deren Rohstoffe bei uns angebaut werden können.« Nischenprodukte wie Mohnöl und biologisches Rapsöl werden da eine genauso große Herausforderung wie Kürbiskernöl. Letzteres ist bereits im Sortiment vertreten – aktuell

### Johann Niedls Tipp

Der *Alpakahof Hasenöhrl* bietet geführte Alpaka-Touren an. Gemeinsam mit den flauschigen Tieren kann man bei einer Wanderung die hügelige Landschaft und verträumten Wälder rund um Sondermoning und Chieming erkunden – ein tolles Erlebnis für Klein und Groß.

allerdings aus der Steiermark. »Besonders das Kürbiskernöl reizt mich, denn es unterscheidet sich in seiner Herstellung von anderen Ölen. Durch die Röstung der Kürbiskerne kann man den Geschmack des Öls sehr stark beeinflussen«, erklärt Johann. »Da braucht es nicht nur jede Menge Erfahrung, sondern auch eine gute Rezeptur und die richtigen Maschinen.« Und natürlich Bauern, die bereit sind, die richtigen Kürbisse dafür anzubauen und anstelle der

demeter
Bio-Hanföl
Hanfsamen aus Bayern!
100% Bio-Hanföl • 250 ml
Hanfsamen aus Bayern
Nativ, aus erster Kaltpressung

Frucht die Kerne zu ernten. »Ölsorte für Ölsorte ist es jedes Mal die größte Herausforderung, einen Landwirt zu finden, der mitmachen möchte. Regional, bio und dann auch noch Demeter – da ist die Auswahl nicht so groß. Aber wer weiß, vielleicht versucht es mal jemand mit dem Kürbis. Es gibt ja immer wieder experimentierfreudige Bauern«, gibt Johann die Hoffnung nicht auf.

Die Produktion an sich ist das wohl Einfachste des ganzen Projekts. Die Ölsaaten werden in großen Säcken in der Mühle angeliefert und in die Mühle gefüllt. Tropfen für Tropfen presst die Maschine nun das Öl über Stunden hinweg aus den Saaten – langsam und schonend, damit alle wertvollen Inhaltsstoffe erhalten bleiben. Anschließend wird die gewonnene Flüssigkeit naturbelassen abgefüllt, etikettiert und geht direkt in den Verkauf. Damit die Öle so frisch wie nur möglich beim Kunden ankommen, wird je nach Bedarf mehrmals pro Woche produziert. »Tatsächlich sind zwei Drittel meiner Arbeit mittlerweile Büroarbeit.« Johann nimmt es mit Humor. Inzwischen ist er Rentner, betreibt die Chiemgauer Ölmühle – wie bereits zuvor – nebenbei. Wohin die Reise einmal gehen wird, das wird die Zeit zeigen. »Das Wichtigste war uns damals, für den Eigenbedarf zu produzieren, und daran halte ich noch immer fest. Ich muss voll und ganz hinter dem stehen können, was ich tue, und mache keine Abstriche, besonders wenn es um die Qualität geht. In Masse zu produzieren, nur für den Umsatz, da höre ich auf.« Doch so weit ist es noch lange nicht.

Die hochwertigen Öle der *Chiemgauer Ölmühle* werden langsam und schonend gepresst, sodass alle wertvollen Inhaltsstoffe erhalten bleiben – das ist Johann Niedl besonders wichtig.

# Papierhochzeit

## Blütenträume als filigrane Kunstwerke

Leises Rascheln, geschickte Handgriffe, und kurze Zeit später ist ein neues Kunstwerk entstanden. In ihrem kleinen Atelier am Simssee zaubert Julia Schreiber in liebevoller Handarbeit filigrane Blumengrüße. Schere, Stift, Papier, etwas Farbe, Draht und Bastelleim – viel mehr braucht es nicht für ihre Kunstwerke. Doch auch wenn Material und Ausgangspunkt immer gleich sind, die Ergebnisse sind eindrucksvoll vielfältig. Denn nicht nur die Natur bietet eine riesige Fülle an Motiven, auch der Werkstoff Papier ist unheimlich vielseitig. »Filigran, aber auch stark, robust und rissfest – Papier ermöglicht mir alles«, schwärmt Julia.

Ihre Leidenschaft für den Werkstoff hat sie schon im Studium entdeckt: Kommunikationsdesign, ein heutzutage eher digitaler Studiengang, doch Julia hat schon immer das Analoge bevorzugt. »Ich wollte etwas erschaffen, das ich anfassen kann«, erzählt sie. »Und im Lauf der Zeit habe ich immer wieder festgestellt, wie unendlich Papier ist. Es gibt so viele Sorten und unzählige Möglichkeiten damit zu arbeiten. Es ist schlichtweg faszinierend.« Für ihr Masterstudium zog Julia nach London – und damit in den Papierhimmel. »Da gibt es so tolle Papierläden. Ich habe es geliebt, darin zu stöbern und mich inspirieren zu lassen.« Natürlich blieb es nicht dabei: »Irgendwann hatte ich dann mein eigenes kleines – und mittlerweile doch eher größeres – Papierarchiv«, gibt Julia zu und lacht. »Ich habe auch ganz viel Papier, das ich gar nicht verwenden kann. Es ist so schön, dass ich es einfach nur behalten möchte.«

Mit fortschreitendem Studium spezialisierte sie sich weiter auf ihr Lieblingsmaterial. Doch als der Abgabetermin für die Abschlussarbeit näher rückte, wuchs die Verzweiflung. »Ich wusste einfach nicht, was ich machen sollte«, erzählt sie. Letztendlich illustrierte sie Lewis Carrolls »Alice hinter den Spiegeln«, machte ein Pop-up-Buch daraus – und legte damit unbewusst den Grundstein für ihre berufliche Zukunft. Zurück in Deutschland startete Julia ins Berufsleben und arbeitete zunächst in einer Werbeagentur. Doch dass das nicht ihre Welt war, merkte sie schnell. Kurzerhand schnappte sie sich ihr Pop-up-Buch und

**PAPIERHOCHZEIT**
**Julia Schreiber** • papierhochzeit.de
Eine Produkt-Auswahl kann über den Online-Shop erworben werden.

## Julia Schreibers Tipp

Der Blumengarten von Arjen Huese bei Jolling in Bad Endorf ist ein Paradies für Blumenliebhaber. Im Sommer können hier hübsche Schnittblumen aus nachhaltigem Bio-Anbau gepflückt werden. Gezahlt wird eine Pauschale – dafür darf jeder so viele Blumen schneiden, wie er in einer Hand halten kann.

fuhr nach Italien, denn in Bologna findet jedes Jahr die weltweit größte Kinderbuchmesse statt. Es scheint, als hätte das Schicksal seine Finger im Spiel gehabt, denn Julia fand dort einen Londoner Verlag, der ihr Buch publizieren wollte. Sie kehrte Deutschland erneut den Rücken, ging zurück ins Vereinigte Königreich. »Bis zu diesem Zeitpunkt hatte ich nicht einmal gewusst, dass es für diesen Beruf sogar eine richtige Bezeichnung gibt«, gesteht sie. Als sogenannter Paper Engineer lernte sie im Verlag alles, was für ihr Handwerk wichtig ist: die Arbeit mit dem Papier, aber auch wie sie Dateien zeichnet, sodass die Kreationen gedruckt und vervielfältigt werden können. »Die Kombination aus Kreativität und Konstruktionskunst ist unheimlich faszinierend«, erzählt sie. Nach vier lehrreichen Jahren ging es zurück nach Deutschland. Dort machte sich Julia als freie Papier-Ingenieurin selbstständig – und lässt seitdem ganze Welten aus Papier entstehen: Pop-up-Bücher, die Seite für Seite auf nahezu wundersame Weise einzigartige Kunstwerke aufploppen lassen, kreative Papierillustrationen für Zeitschriften, überraschende Postwurfsendungen für Werbeagenturen und das eine oder andere Bastelbuch mit Papier.

Die ersten Papierblumen entstanden während Julias Schwangerschaft. »Ich hatte eine Bilderbuch-Schwangerschaft und wollte diese wunderschöne Zeit besonders festhalten. Da ich Blumen so sehr liebe, habe ich begonnen, jeden Tag bis zur Geburt eine Papierblume zu basteln. Zum Schluss hatte ich ein riesiges Blumenmeer«, erinnert sie sich. Als entspannendes Hobby behielt sie sich die Kunst des Papierblumen-Erstellens bei. Schließlich motivierte sie eine Bekannte, die Blumen zu verkaufen – der Startschuss für ihr kleines Papierblumen-Business. *Papierhochzeit* taufte Julia ihr Label, denn sie bekommt besonders häufig Anfragen für den ersten Hochzeitstag. Gibt es ein passenderes Geschenk zur Papierhochzeit als von Hand gefertigte Papierblumen? Blumen, die hoffentlich so ewig halten wie die Liebe – und die sogar das ganze Jahr über blühen.

Entdeckt Julia eine Blume, die sie aus Papier gestalten will, braucht sie gleich zwei davon: »Eine behalte ich als fertiges Muster, die andere zerlege ich in ihre Einzelteile.« Dann fertigt sie detaillierte Skizzen und zeichnet Vorlagen für die Blütenblätter. Die Schablonen sowie die einzelnen Schritte, wie die Blume aufgebaut ist, notiert sie sich auf einem Blatt Papier. So kann sie die Blume auch außerhalb der Saison originalgetreu nachbilden. Der Sammler gleich neben der Tür, in dem Julia die einzelnen Anleitungen aufbewahrt, ist üppig gefüllt. Um die Blumen in all ihren Farben und

Filigrane Blütenträume: Der facettenreiche Werkstoff Papier, aber auch die Schönheit der Natur inspirieren die studierte Papier-Ingenieurin Julia Schreiber immer wieder aufs Neue zu einzigartigen Kunstwerken.

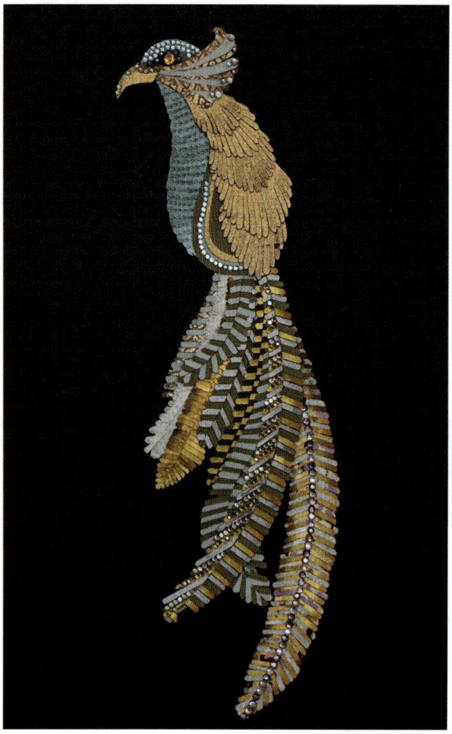

Fertigt Julia eine Blüte, schneidet sie jedes einzelne Blütenblatt von Hand aus, färbt es ein, formt es und fügt es Blatt für Blatt zu einer vollkommenen Blüte zusammen. So wird jede Blume zu einem mit Liebe gefertigten Unikat. Zwischen einer halben und einer Stunde braucht Julia für ein Blütenkunstwerk. Sind die Arbeitsabläufe einmal verinnerlicht, ist es eine sehr meditative Arbeit. Aufwendigere Blüten können auch schon einmal eineinhalb Stunden in Anspruch nehmen und Julias ganze Fingerfertigkeit fordern. »Zum Glück wissen meine Kunden das, was ich mache, sehr zu schätzen«, freut sie sich. Die mögen es meist opulent: Mohnblumen und Pfingstrosen sind am beliebtesten – mit ihren üppigen, ausladenden Köpfen sprechen sie auch als einzelne Blüten für sich. Damit die Blumen in der Vase dann eine bessere Standfestigkeit haben, hat Julia einen Tipp: »Einfach unten ein bisschen Sand oder Kies einfüllen.«

Neben den Einzelblüten fertigt Julia auch kleine und größere Bouquets oder mit kleinen Papierblumen verzierte Grußkarten für verschiedenste Anlässe. »Blumen begleiten uns durchs Leben – und aus Papier gefertigt sind sie Schönheiten, die nahezu ewig halten, das ganze Jahr über blühen und obendrein noch pflegeleicht und allergikerfreundlich sind«, bringt es Julia auf den Punkt. Ihre Liebe für die filigranen Kunstwerke teilt sie auch in Workshops, wo man unter der Anleitung der Papierkünstlerin in die Welt des Papiers eintauchen und sich selbst an einer einzigartigen Blume versuchen kann.

ihrer Schönheit nachbilden zu können, hat Julia jedoch nicht nur die einzelnen Blumen bis ins kleinste Detail studiert, sondern auch unzählige Papiersorten ausprobiert. »Mir ist es wichtig, jeder Blume ihren ganz eigenen Charakter geben zu können. Dafür eignet sich Krepppapier perfekt – dank seiner weichen Struktur lässt es sich gut biegen und formen. Außerdem hat sich das italienische Papier, das ich verwende, als besonders langlebig erwiesen«, erklärt sie. »So behalten die Blumen ihre Farbe auch über viele Jahre hinweg und bleichen nicht aus.«

Prall gefüllt ist der Sammler in Julia Schreibers Büro. Er ist das Herzstück ihres kleinen Labels, denn hier bewahrt sie die Anleitungen für die einzelnen Blüten auf, um sie jederzeit mit ihren geschickten Händen detailgetreu nachbilden zu können.

DIE SEEMÜLLERIN
S
KAISER
KOMPOTT
ZWETSCHGENRÖSTER

# Die Seemüllerin

## Lila Laune und kaiserlicher Genuss

Barbara Seemüller hütet einen kleinen Schatz: Es sind die alten Rezepte ihrer Familie, mit denen sie einst die Gäste des *Landsberger Hofs* in München verwöhnt hat. Doch das gemütliche Wirtshaus, das sehr beliebt und seit vielen Jahren in Familienhand war, musste einer Hauptverkehrsstraße weichen – die Stadt München enteignete die Familie und setzte dem *Landsberger Hof* ein Ende. Das Herzstück des einstigen Wirtshauses jedoch hat Barbara in ihre Chiemgauer Wahlheimat mitgenommen: die alten, traditionellen Rezepte. »Auch lange nach der Zeit des *Landsberger Hofs* bin ich von Freunden, Bekannten und alten Stammgästen immer wieder darauf angesprochen worden, ob ich nicht wieder etwas aus unseren Familien-Rezepten machen möchte«, erzählt sie. Mit dem Rückhalt der Familie hat sie es schließlich gewagt. »Denn – ich habe es auch zu meinen Kindern immer wieder gesagt – wenn ich es jetzt nicht mache, dann werden diese Rezepte verloren gehen. Und das wäre wirklich schade. Also habe ich all meinen Mut zusammengenommen und mich der Aufgabe gestellt, das Erbe zu bewahren.«

Entstanden ist *Die Seemüllerin*. Einen besseren Namen hätte Barbara wohl kaum finden können, er ist schließlich die perfekte Verbindung aus ihrem Nachnamen, der Region und dem Handwerk – also allem, was auch in den Produkten steckt. »Und dann habe ich einfach begonnen«, blickt sie zurück. Auf dem Steinbachhof, den die Familie bereits seit vielen Jahren bewohnt und auf dem Barbara die Gäste ihrer Ferienwohnung empfängt, hat sie sich nun auch ihre Produktionsräume eingerichtet. Eingebettet in die idyllische Natur oberhalb des Chiemsees bildet das historische Anwesen bei Bernau die perfekte Umgebung für die Herstellung der köstlichen Produkte. Dabei möchte Barbara Seemüller die alten Rezepte nicht nur wieder aufleben lassen, sondern dem einen oder anderen auch einen neuen, modernen Touch verleihen. »Am wichtigsten ist für mich, das, was war, zu schätzen und zu erhalten. Nicht nur in unseren Produkten, sondern

**DIE SEEMÜLLERIN**

**Barbara Seemüller** • Steinbach 11 • 83233 Bernau am Chiemsee
Tel. 0172/137 72 90 • die-seemuellerin.de
Die Produkte der *Seemüllerin* sind über den Online-Shop sowie in ausgewählten Läden im Chiemgau erhältlich.

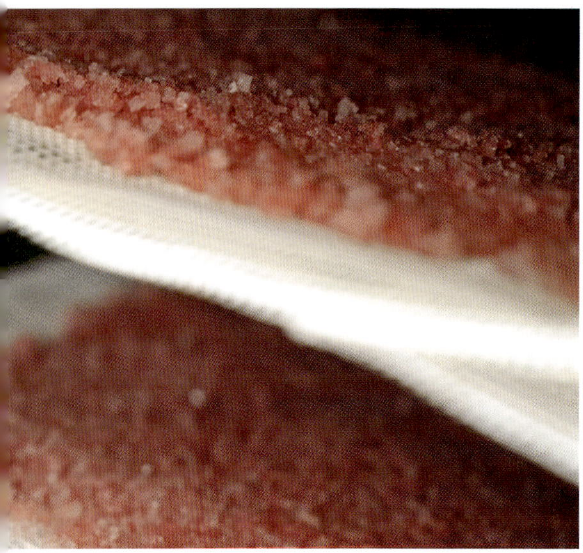

eigentlich in unserem ganzen Leben«, betont die gebürtige Wienerin und ergänzt: »Und da, wo man es jetzt besser weiß, darf man es natürlich ruhig auch besser machen.«

Unzählige Stunden hat Barbara Seemüller mit der Verfeinerung des einen oder anderen Familienrezepts verbracht, um es zu neuem Leben zu erwecken. Andere wiederum sind nahezu unverändert geblieben. »Zum Glück gibt es vieles ja schon, und man muss eben auch nicht immer alles komplett neu erfinden. So ist unsere Senf-Dill-Soße schon immer vegan gewesen.« Die »Dill mal« getaufte Soße ist ein köstlicher Begleiter für Fisch, Fleisch und Gemüse. Herrliche Würze verleihen die verschiedenen Salze der *Seemüllerin* allen Gerichten – zur Auswahl stehen beispielsweise »Meer Wald« (ein mildes Bärlauchsalz), »Meer Grün« (ein feines Meersalz mit aromatischen Tannenspitzen), »Meer Süden« (ein erfrischendes Zitrus-Rosmarin-Salz) und »Meer Rebe« (ein kräftiges Rotweinsalz). Wer es lieber süß mag, sollte das »Marillen Glück« probieren, einen süßen Aufstrich aus sonnengereiften Aprikosen. Zum Kaiserschmarrn darf es das »Kaiser Kompott« sein – der Zwetschgenröster ist ein Klassiker der alpenländischen Küche. Etwas ganz Besonderes im *Seemüllerin*-Sortiment ist »Lila Laune« aus feinem Zucker mit einem Hauch von Lavendel. Und zwischendurch sorgen die »Power Ringerl« (getrocknete Apfelringe) oder ein »Kaffee Busserl« (vollmundiger Espresso) für neue Energie.

Die Zutaten der *Seemüllerin* werden nach Möglichkeit in Bio-Qualität und regional bezo-

Aus ihrer Familien-Schatzkiste zaubert Barbara Seemüller alias *Die Seemüllerin* zahlreiche kulinarische Leckereien hervor und bringt sie modern interpretiert zurück auf den Tisch.

gen, denn eine nachhaltige Wirtschaftsweise liegt Barbara Seemüller sehr am Herzen. »Einige der Zutaten sind direkt aus unserem Garten und dem umliegenden Wald, andere aus dem Chiemgau und der Alpenregion.« Für eine größtmögliche Frische werden die Lebensmittel in kleinen Chargen produziert. Einige der Produkte sind deshalb auch nur saisonal erhältlich. Und die Nachhaltigkeit hört bei den Zutaten noch lange nicht auf: So wurde beispielsweise auch die Verpackung der Produkte bis ins kleinste Detail durchdacht. »Wir haben uns bewusst für eine Papierbanderole und geradlinige Gläser entschieden«, erklärt Barbara Seemüller. »So können die leeren Gläser ohne nerviges Entfernen von Beklebungen oder Aufdrucken unkompliziert wiederverwendet werden.« Einfach, schlicht und schön.

In der Küche der *Seemüllerin* wird schon fleißig an neuen Produkten getüftelt, denn die Schatztruhe von Barbara Seemüller ist prall gefüllt mit traditionsreichen Familienrezepten. »Ich freue mich, dass unsere Familiengeschichte mit der *Seemüllerin* fortgeschrieben wird. Denn die *Seemüllerin*, das bin einfach ich. Sie verkörpert meine Werte, mein Herzblut und eben auch meine Rezepte«, freut sie sich. Damit ihre Kunden direkt mit dem Kochen und Backen loslegen können, gibt es zu jedem Produkt übrigens eine kleine Karte mit köstlichen Rezepten wie Kaiserschmarrn, Topfenknödeln, Champignon-Dill-Toast, Lachs mit Dillsoße oder einer vegetarischen Snack-Platte zum Ausprobieren dazu.

### Barbara Seemüllers Tipp

Für einen gemütlichen Sundowner am Chiemsee ist die *Boje 5* auf der Herreninsel der richtige Ort: Gleich neben der Kreuzkapelle trifft hier zum Tagesausklang bei schönem Wetter einfache Gastronomie auf ein besonderes Ambiente. Kleiner Wermutstropfen: Für die Anfahrt braucht es ein Boot.

# Kaiserschmarrn mit Zwetschgenröster

Ein Klassiker der alpinen Küche

**Zutaten für 2 Portionen**

2 Eier
250 ml Milch
125 g glattes Mehl
1 Prise Salz
Butter zum Ausbacken
Optional Rosinen
Etwas Kristallzucker
1 Glas »Kaiser Kompott«

**Zubereitung**

Die Eier trennen. Eigelbe mit Milch und Mehl zu einem glatten Teig verarbeiten. Das Eiweiß mit einer Prise Salz steif schlagen und vorsichtig unter den Teig heben.

Die Butter in einer Pfanne erhitzen und den Teig hineingeben. Auf Wunsch einige Rosinen darauf verteilen. Die Pfanne mit einem Deckel schließen und den Teig goldgelb backen.

Anschließend wenden und dabei 3 Stücke Butter unter den Teig legen. Auf die bereits gebackene Seite Kristallzucker streuen.

Sobald auch die untere Seite goldgelb gebacken ist, nochmals wenden und den Zucker karamellisieren lassen. Anschließend den Teig in Stücke reißen und mit dem »Kaiser Kompott« servieren.

KAISER
KOMPOTT

# Material und Keramik

## Zartes aus Porzellan

In ihrer kleinen Werkstatt im beschaulichen Ginnerting, einem Ortsteil von Frasdorf, fertigt die Keramikerin Magdalena Kink Zartes aus Porzellan und bringt so ein bisschen mehr Schönheit in den Alltag. »Das Besondere am Porzellan ist, dass man es so fein verarbeiten kann, dass es durchscheinend, fast schon transparent ist – und trotzdem ist es viel robuster, als man es ihm zutraut.«

Zur Keramik kam Magdalena aus purem Zufall: »Ich wollte unbedingt etwas mit meinen Händen machen.« Auf der Suche nach einer handwerklichen Ausbildung kam die Landshuter Keramikschule gerade recht. Doch nach der Ausbildung zog sie weiter, es ging nach München an die Kunstakademie. Sie studierte Malerei, ging ins Ausland und machte schließlich den Gestalter im Handwerk. Ein Jahr lang durfte sie im Rahmen der Weiterbildung in die verschiedensten künstlerischen Bereiche eintauchen. »Das hat mir richtig gut getaugt«, erzählt sie. Und es wuchs dabei eine Idee in ihr, die sie nicht mehr losgelassen hat: »Ich wollte zurück in mein Handwerk, weil ich gemerkt habe, dass es das ist, was ich wirklich gut kann und was mir Spaß macht. Aber statt Ton wollte ich gern mit Porzellan experimentieren. Ich wollte es unbedingt drehen und nicht gießen, schlichtweg weil ich es schöner finde.«

Porzellan also. Ein Material, von dem ihr viele abgeraten haben: zu kompliziert, zu eigensinnig, schwer zu verarbeiten. Doch ist es zugleich auch das Material, das Magdalena so unglaublich fasziniert. »Dieses Transparente, dieses Durchscheinende, das mag ich wirklich sehr. Porzellan hat einfach eine unheimlich tolle Ausstrahlung. Es braucht gar nicht viel, oft nur einen kleinen Akzent, und es wirkt. Es gibt unglaublich viele Tonarten, die man nicht wirklich unterscheiden kann, aber das Porzellan, das erkennt fast jeder.« Und so hat sie es trotzdem gewagt.

Bis ihr das Drehen mit Porzellan jedoch gelungen ist, musste Magdalena einige Herausforderungen meistern und auch den einen oder anderen Rückschlag einstecken. »In der Lehre habe ich nur mit Ton gearbeitet. Den Werkstoff Porzellan habe ich also erst einmal

**MATERIAL + KERAMIK**
**Magdalena Kink** • Ginnerting 20 • 83112 Frasdorf
Tel. 0171/5319756 • materialundkeramik.de
Öffnungszeiten: Termine nach Vereinbarung

## Magdalena Kinks Tipp

Die Hofbauernalm an der Sonnwendwand ist ein herrliches Ziel für eine wunderschöne kleine Wanderung in den Chiemgauer Alpen. Gestartet wird dafür z. B. am Wanderparkplatz Hainbach oder an der Bergstation der Kampenwandseilbahn.

selbst für mich erkundet.« Ein mühsamer Prozess, denn Ton und Porzellan sind kaum miteinander vergleichbar. »Ich musste das Material erst verstehen lernen, auch wenn mir die Technik des Drehens ja bekannt war«, gibt sie zu. Gut Ding will Weile haben: Bis Magdalena das Porzellan wirklich dünn drehen konnte, zogen einige Tage und Wochen ins Land. »Über die Jahre hinweg habe ich es dann aber geschafft, auch größere Dinge zu drehen. Man entwickelt sich da stetig weiter, sammelt immer neue Erfahrungen.« Auch etwas, dass sie am Porzellan reizt: Man kann sich und seinen Stil weiterentwickeln, immer wieder Dinge ausprobieren, Neues erschaffen. Es wird nie langweilig. »Das ist mir auch wichtig, dass ich bei der Arbeit immer wieder an meine Grenzen gehen kann, dass es spannend bleibt – denn so entsteht immer wieder Neues.«

Der Werkstoff ist somit auch heute noch immer wieder eine Herausforderung für die Ginnertingerin. Die dünnen, handgearbeiteten Gefäße werden bei etwa 1250 °C gebrannt, die Größe der einzelnen Teile schwindet dabei um bis zu zwanzig Prozent. So wird jede Tasse, jeder Teller, jede Schale und jeder Krug zum Unikat. »Natürlich schaue ich, dass die Größen eher gleich werden – besonders beim Geschirr, denn das sollte man ja auch stapeln können –, aber das Meiste drehe ich nach Augenmaß, da sich das Porzellan eben auch im Ofen noch stark verändern kann. Und eigentlich liebe ich genau das am Material, dass es sich so verändert. Denn schließlich darf man auch sehen, dass es handgemacht ist.« Recht hat sie.

Magdalenas Stil ist schlicht: »Ich liebe die Einfachheit und Reduktion.« Das Material spielt ihr dabei in die Karten: Porzellan wirkt feiner und zarter als Ton und lässt so ein reduziertes Arbeiten zu, ohne jemals langweilig zu wirken. Klare Formen treffen bei Magdalena daher nur auf kleine, meist farbige Akzente oder unterschiedliche Texturen. Bei ihren Kollektionen beschränkt sie sich inzwischen auf einige Standardformen, die sich über die Jahre hinweg als nützlich erwiesen haben. Neben Geschirr fertigt sie auch Lampenschirme, Teelichter, Vasen oder Abstraktes aus Porzellan. »Das Wichtigste ist – vor allem beim Geschirr –, dass die Teile gut in der Hand liegen und man sie gern benutzt«, betont sie. Dazu schleift und poliert Magdalena viele ihrer handgefertigten Stücke. »Wenn das Porzellan aus dem Ofen kommt, ist es relativ rau«, erklärt sie. »Durch das Schleifen und Polieren bekommt es eine ganz weiche, seidenmatte Oberfläche.« Handschmeichler, die man fast nicht mehr zur Seite legen möchte. »Ich finde es toll, dass Alltagsgegenstände, die man tagtäglich benutzt, einfach auch schön sein dürfen. Und dass Menschen in meinen Produkten so etwas finden können. Dinge, über die man sich freut, wenn man sie in die Hand nimmt.« So wie die Lieblingstasse, die man Tag für Tag abspült, anstatt sie in den Geschirrspüler zu stellen – einfach nur, damit man sie direkt wieder verwenden kann. Oder die Lampenschirme, die so

Porzellan – ein eigensinniges Material: Die Keramikerin Magdalena Kink hat es verstehen gelernt. In ihrer kleinen Manufaktur verwandelt sie den Werkstoff u. a. in zartes Geschirr und Lampen.

ein wunderbar weiches Licht zaubern. »So etwas zu erschaffen, das finde ich toll. Ja, Schönheit in den Alltag zu bringen – das macht mir wirklich Freude.«

Manches entsteht bei Magdalena aus einer Inspiration, einer kreativen Idee heraus, anderes wiederum einfach durchs Machen, durch das Einlassen auf den Prozess. Und dann gibt es noch die Sachen, die Magdalena mit einem kleinen Augenzwinkern kreiert. So wie den »GINnertinger«, einen Porzellanbecher für Gin, handgefertigt in Ginnerting. Diesen und all ihre weiteren Produkte gibt es in ihrem kleinen Werkstattladen direkt im Haus. Wer sich darin umschauen und durchs Sortiment stöbern möchte, sollte sich vorher bei Magdalena telefonisch anmelden.

Handwerkliche Herausforderung und kreativer Spielraum zugleich: Die durchscheinende Transparenz ist es, die den Werkstoff Porzellan für Keramikerin Magdalena Kink so interessant macht.

# Brauschmied Holzhausen

## Beste Biere aus der alten Schmiede

Vom Brauen übers Abfüllen bis hin zum Etikettieren: Beim *Brauschmied* in Holzhausen ist alles echte Handarbeit. Mindestens einmal die Woche wird in dem kleinen Dorf mitten im Chiemgau gebraut. Sorte für Sorte. Flasche für Flasche. Hinter den Sudkesseln in der einstigen Huf- und Wagenschmiede steht Maxi Willinger – und der junge Braumeister hat sich einer Mission verschrieben: einzigartige Biere zu brauen.

Seine Berufung fand Maxi schon früh, einen kleinen Schubs in die richtige Richtung hat es dennoch gebraucht. Durchs elterliche Wirtshaus kam er auf der Suche nach einer sinnvollen Freizeitbeschäftigung zu einem Praktikum bei der Brauerei Wochinger in Traunstein, und schon hatte es ihn gepackt, das Brau-Fieber. Obwohl er bis zu seinem Abschluss noch fast drei Jahre die Schulbank drücken musste, stand sein Entschluss fest: Eine Ausbildung zum Brauer und Mälzer sollte es werden. Gesagt, getan. Um seine eigene Philosophie des Bierbrauens voll leben zu können, entschied er sich nach der erfolgreichen Lehre dazu, ein Studium der Brau- und Getränketechnologie in Weihenstephan draufzusetzen und noch tiefer in die Faszination Bierbrauen einzutauchen. Mit dem abgeschlossenen Studium stand seinem Traum, eigene traditionell gebraute Bierkreationen zu entwickeln, nichts mehr im Weg: Seit 2018 braut er in seiner kleinen Privatbrauerei in Holzhausen Biere mit Charakter.

Doch was macht für Maxi ein Bier mit Charakter aus? »Ich versuche ein Bier zu produzieren, das durch seinen Geschmack heraussticht. Ein Bier, bei dem man direkt erkennt: Das ist ein *Brauschmied.*« Vollmundig ist es, kräftig im Geschmack, leicht malzig und mit schöner Hopfennote. »Wir verwenden etwas mehr Hopfen, auch ein bisschen mehr Aroma-Hopfen. Das schmeckt man, und das tut dem Bier gut. Außerdem mag ich sehr süffige Biere. Das läuft schön runter, da trinke ich gern ein zweites.« Zum klassischen Sortiment des *Brauschmieds* gehören ein Helles, ein Dunkles und ein Weißbier. Allesamt unfiltriert. In unregelmäßigen Abständen kommen spezielle Biersorten für Feinschmecker und Neugierige hinzu,

**BRAUSCHMIED HOLZHAUSEN**
**Maximilian Willinger** • Holzhausener Str. 9 • 83346 Bergen
Tel. 0162/2768046 • brauschmied.de
Öffnungszeiten: Fr 14–16 Uhr sowie nach Vereinbarung

Brauschmied
Brauschmied
Salzburger Hof
Bergen

Maxi Willingers Tipp

Die familienfreundliche Rachlalm im Wandergebiet Hochplatte lockt von Mitte April bis Mitte Oktober mit almtypischer Brotzeit und einem »Hellen Hertie«. Hin und wieder gibt es auch zünftige Musikabende auf der malerischen Alm hoch über dem Achental.

beispielsweise ein Festbier zur Hochzeit oder ein Kindsbier.

»Schwarzer Peter«, »Bockiger Bene«, »Anderl Bock« oder »Heller Hertie«: Nicht nur der Geschmack, sondern auch die Namen verleihen Maxis Bieren ihren ganz eigenen Charakter. Prägnant sollten sie sein – und eine Verbindung zum *Brauschmied*, zur Region haben. So ist das Helle eine Hommage an seinen Vater Herbert, und die blumig fruchtige »Drescher Weiße« geht auf den Mädchennamen seiner Frau zurück, denn Hopfen und Malz für das Weißbier hat sie ausgesucht.

Dass nur die besten Zutaten für die feinen Chiemgauer Bierkreationen gut genug sind, versteht sich von selbst. Wasser, Hopfen, Malz und Hefe – die *Brauschmied*-Biere werden in bewährter handwerklicher Kunst nach dem Bayerischen Reinheitsgebot von 1516 gebraut. »Unser Bier ist ein reines Naturprodukt. Für den perfekten Geschmack ist die Qualität der Zutaten entscheidend. Denn aus nur vier Zutaten schaffen wir es, die unterschiedlichsten Biere zu brauen und die feinsten Noten herauszukitzeln. Und dabei aber auch Biere zu produzieren, die zumindest für den Kunden immer gleich schmecken. Für mich ist das Faszination pur! Nicht umsonst sagt man, dass die Deutschen das beste Bier brauen.«

Das klare Wasser, das mehr als neunzig Prozent eines Biers ausmacht, stammt aus der Holzhausener Dorfquelle. Hopfen, Malz und Hefe bezieht Maxi aus Bayern, und mit einer modernen Brauanlage verarbeitet er die hochwertigen Zutaten handwerklich zu dem flüssigen Gold, auf das er stolz ist. Mit viel Geduld reift das Bier in der Kühlanlage heran. »Ein gutes Bier braucht seine Zeit«, weiß der Braumeister. Rund fünf bis sechs Wochen lagert das Bier, bis es Maxis Vorstellungen entspricht. Denn sein Ziel ist klar: ein perfektes Produkt erschaffen. Anschließend wird das Bier von Hand abgefüllt und kann endlich verkostet werden. Für Maxi natürlich das Schönste am Bierbrauen: »Wenn man in großer Runde ein Bier aufmacht, einschenkt und den ersten Schluck nimmt, alle dich anschauen und sagen: ›Super Bier‹, dann ist es den ganzen Aufwand mehr als wert.«

Denn manchmal, da kann es einen auch ganz schön fuchsen, das Bierbrauen. Während es beim Weißbier, beim Dunklen und beim Bock die Erstversuche der Rezeptur waren, die nur noch minimal optimiert werden mussten, hat Maxi beim Hellen ganze zwei Jahre lang getüftelt. »Vor allem mit dem Hopfen war es schwierig – mal zu viel, mal zu wenig. Dann haben wir die Malzmenge reduziert, weil wir den Alkoholgehalt reduzieren wollten, dann hat der Hopfen wieder nicht gepasst … So ein Brauprozess mit Reife dauert ja dann auch gleich immer fünf, sechs Wochen, da ist die

Bierbrauen hat in Deutschland eine lange Tradition, die auch Maxi Willinger mit seinem *Brauschmied* fortführen möchte. In seiner kleinen Privatbrauerei in Holzhausen braut er Biere mit Charakter.

Zeit schnell verstrichen. Wobei mir das Feilen an der perfekten Rezeptur natürlich viel Spaß gemacht hat.«

Die Freude am Tun und der Erfolg geben ihm Recht: Seine Kunden schätzen nicht nur den Geschmack, sondern vor allem die Handarbeit, die in seinen Bieren steckt. Die *Brauschmied*-Biere gibt es im Tragerl, in Zwölfer- und Sechser-Holzsteigen – entweder direkt in der Brauerei oder bei ausgewählten Verkaufsstellen in der Region. Und wer den Traum hegt, selbst einmal ein Bier auf handwerkliche Art und Weise zu brauen, kann sich diesen ebenfalls bei Maxi erfüllen. Neben theoretischen Grundlagen und praktischer Arbeit steht beim Braukurs in Holzhausen auch eine professionelle Bierverkostung auf dem Programm. Prost!

Hopfen und Malz, Gott erhalt's: aus vier Zutaten ganz im Sinn des Bayerischen Reinheitsgebots erschaffen

## Weißbier-Hugo

**Zutaten für ein Glas (ca. 300 ml)**

2 Eiswürfel, 2 cl Limettensaft, 2 cl Holunderblütensirup, 2 Minzblätter, 0,25 l Weißbier (»Drescher Weiße«)

**Zubereitung**

Die Eiswürfel in ein langstieliges, kelchförmiges Glas mit größerem Volumen füllen. Den Limettensaft, den Holunderblütensirup sowie die Blätter der Minze dazugeben. Zum Schluss mit dem kühlen Weißbier aufgießen und genießen.

# Ledermanufaktur Lerner

## Liebhaberstücke mit Patina

Es sind bekanntlich die kleinen Dinge, die uns glücklich machen. Für Klaus Lerner gehören das Musizieren mit Freunden dazu, Spritztouren mit der Vespa und natürlich seine große Leidenschaft: das Arbeiten mit Leder. Leder fasziniert, kleidet und schmückt Menschen seit jeher. In seiner Ladenwerkstatt im Amerang holt der sympathische Chiemgauer das jahrtausendealte Handwerk der Lederverarbeitung in die Moderne. Klaus fertigt Liebhaberstücke, Unikate mit eigenem Charakter, die ihre Besitzer womöglich den Rest ihres Lebens begleiten. »Leder ist ein Werkstoff, der eine wunderschöne Patina entwickelt. Ich kann daraus etwas erschaffen, an dem sich noch Generationen erfreuen können.« Seine Begeisterung für das Lederhandwerk ist spürbar. »Es ist einfach ein sehr langlebiges, robustes Material. Und auch zu unserer Region, zu unserer Kultur passt der Werkstoff sehr gut. Nicht umsonst ist Leder ein Teil unserer Tracht.«

Die ist auch der Grund, warum es die Ledermanufaktur Lerner überhaupt gibt. Denn eigentlich ist Klaus gelernter Industriemechaniker, Maschinenbautechniker und Konstrukteur. Im Lederhandwerk jedoch ist er Quereinsteiger. »Wir haben damals einen Hosenträger als Geschenk gesucht. Was Besonderes sollte es sein. Es gibt da zwar schon einiges zur Auswahl – mit Federkiel-Stickerei, punziert oder bestickt –, doch das Richtige war irgendwie nicht dabei. Da ich in meinem Studium viel mit dem Laser gearbeitet habe, ist die Idee entstanden, den Hosenträger damit zu gravieren.« Kurzerhand kaufte sich Klaus seine erste Haut und entfachte damit seine Leidenschaft fürs Lederhandwerk. Das Geschenk war ein voller Erfolg, und so sprachen sich die Hosenträger-Kreationen schnell herum. Zunächst reduzierte der Konstrukteur seine Arbeitszeit im Betrieb, um die Nachfrage bedienen zu können. 2016 schließlich machte sich Klaus mit seiner

**LEDERMANUFAKTUR LERNER**
Wasserburger Str. 2 • 83123 Amerang
Tel. 0151/11 58 31 43 • ledermanufaktur-lerner.de
Öffnungszeiten: Termine nach Vereinbarung

Ledermanufaktur selbstständig. Ein Schritt, den er nie bereut hat, denn die Selbstständigkeit hat ihn schon immer gereizt. »Ich arbeite gern, und ich arbeite auch gern viel. Es macht mir einfach Spaß, das Handwerken, der Kontakt mit den Kunden, sogar das Büro. Das Komplettpaket eben«, erzählt er. »Wenn schlechtes Wetter ist, dann arbeite ich auch einmal am Sonntag und geh dafür am Montag, wenn es wieder schön ist, zum Baden. Diese Freiheit zu haben, das bedeutet mir sehr viel.«

Mit dem Leder zu arbeiten, hat sich der Chiemgauer selbst beigebracht. Seit einigen Jahren wird er in seiner Manufaktur von einem Schuhmacher unterstützt – auch er hat ihm wertvolles Wissen und spezielle Techniken rund um die Lederverarbeitung vermittelt. Das Leder dafür stammt aus einer kleinen Gerberei in Österreich, die Stoffe beziehen sie von einem ausgesuchten Betrieb in England. »Ich wollte einen natürlichen Stoff, der sehr funktionell ist – und mir ist es wichtig, dass meine Materialen aus kleinen Manufakturen kommen, so wie ich eine habe.« Jedes Produkt, das Klaus anfertigt, ist ein handgearbeitetes Einzelstück. »Ich produziere in diesem Moment nur für diesen einen Kunden. Da muss man natürlich auch ganz anders kalkulieren. Solch kleine Manufakturen bieten die Materialien auch in kleineren Mengen an – das macht es zwar einerseits wieder ein bisschen teurer, andererseits brauche ich aber auch keine Großmengen.«

Mit den Jahren wuchs die Produktpalette stetig – die schneidigen Lederhosenträger sind selbstverständlich immer noch im Sortiment.

Sein eigenes Ding machen – das hat den Chiemgauer Klaus Lerner schon immer gereizt. Per Zufall entdeckt er seine Leidenschaft fürs Lederhandwerk und legt damit den Grundstein für seine eigene kleine Manufaktur.

Daneben gibt es edle Geldbeutel, elegante Handyhüllen, sportliche Rucksäcke, feminine Totebags und mittlerweile sogar lederne Flipflops. »Wenn möglich aus Leder« – getreu seinem Motto entwickelt der Chiemgauer inspiriert von seiner eigenen Lebenswelt immer wieder neue Ideen. Dabei ist er jedoch charmant kompromisslos: »Ich mache nur Dinge, die mir auch selbst gefallen.«

Schönheit und Funktionalität im Einklang: Das jahrtausendealte Handwerk kombiniert Klaus geschickt mit den technischen Errungenschaften der Moderne. »Ich möchte die Tradition bewahren, ihr aber zugleich zu einem zeitgemäßen Erscheinungsbild verhelfen«, bringt der Lederhandwerker seine Philosophie auf den Punkt. Neben höchster Qualität spielen für ihn größtmögliche Funktionalität und zeitloses Design eine tragende Rolle. »Trends sind vergänglich, die Leder-Accessoires begleiten meine Kunden jedoch über viele, viele Jahre hinweg.« Beständiges Material, traditionelle Handarbeit und kreatives Design treffen harmonisch aufeinander. Beim Entwerfen der Designs spielt ihm seine Konstrukteur-Ausbildung in die Karten: »Ich kann meine Kreationen schnell und einfach im 3D-Programm entwerfen und mit dem Laser millimetergenau ausschneiden. So tüftelt es sich wesentlich leichter.« Ohne diese Hilfsmittel müsste Klaus neue Ideen umständlich mit der Hand ausschneiden oder teure Stanzformen anfertigen lassen. Auch individuelle Kundenwünsche lassen sich

## Klaus Lerners Tipp

Amerang hat viel zu bieten: von toller Gastronomie wie den *Wirt z'Amerang* oder das *Café Wiggerl17* über Ausflugsziele wie das Bauernhausmuseum und das Automobilmuseum EFA Mobile Zeiten bis hin zu kulturellen Highlights im historischen Ambiente des Schlosses.

mit dem Laser umsetzen. So hat man die Möglichkeit, sich sein neues Unikat ganz individuell mit den eigenen Initialen versehen zu lassen. Sind die Einzelteile eines Produkts aus der Rohhaut ausgeschnitten, wird genäht, geklebt, gelocht, gehämmert und poliert. Dabei feilt Klaus so lange an seinen Produkten, bis sie in seinen Augen perfekt sind – in der Verarbeitung, der Funktion und dem Design.

»Am meisten motiviert es mich, wenn ich für meine Kunden echte Lebensbegleiter erschaffen darf. Wenn sie mein Produkt auch nach vielen, vielen Jahren immer noch wertschätzen, es lieben und in Ehren halten. Wenn dann auch hin und wieder mal eine Reparatur kommt, weil die Kunden das eben nicht einfach durch ein neues Produkt ersetzen wollen. Und es ist wirklich toll zu sehen, wie die eigenen Manufaktur-Produkte charaktervoll altern.« Im Gegensatz zur Ware von der Stange können die von Hand gefertigten Unikate meist einfach repariert werden. »Wir leben in einer brutalen Wegwerf-Gesellschaft. Das müsste nicht sein – es lohnt sich eigentlich immer, in Qualität zu investieren. Das ist viel nachhaltiger«, findet Klaus. »Es gibt wenige, die es sich wirklich nicht leisten können. Es sind viel mehr Menschen, die es sich einfach nicht leisten wollen, die lieber günstiger und oft kaufen, um jeden Trend mitmachen zu können. Dann wiederum gibt es aber auch welche, die darauf sparen, sich so ein einzigartiges, langlebiges Produkt zu kaufen, eben weil sie wissen, dass sie lange etwas davon haben werden.« Ein Unikat fürs Leben eben.

Funktional, ästhetisch und perfekt gearbeitet: Die schmucken Lederwerkstücke aus der Manufaktur von Klaus Lerner erfüllen höchste Ansprüche und begleiten ihre Besitzer meist ein Leben lang.

# De Gmiasara

## Frisches Gemüse aus Sondermoning

Junges Gemüse braucht das Land! Das finden Sara Müllner und Sebastian Rieder. Auf drei Feldern sowie in zwei Gewächshäusern erzeugen sie hochwertige regionale Lebensmittel und Blumen in Bio-Qualität. Etwas anderes wäre für die studierte Agrarwissenschaftlerin und den gelernten Gemüsegärtner auch nicht in Frage gekommen. Ihren Demeter-Gemüsebetrieb übernahmen sie im Januar 2022 von Hans Dandl, nachdem sie schon länger im Betrieb mitgearbeitet hatten. Die beiden jungen Gemüsegärtner entschieden sich mit ihrer Nachfolge bewusst dazu, einem kleinen, traditionsreichen Unternehmen eine Perspektive für die Zukunft zu schenken.

Das Meiste haben Sara und Basti zwar von ihrem Vorgänger übernommen, einen ersten eigenen Stempel haben sie ihrem Gemüsebetrieb aber auch schon aufgedrückt: Etwa die Hälfte ihrer Ernte vertreiben sie nun direkt. Zweimal die Woche geht es für Basti auf den Markt: mittwochs in Unterwössen, freitags in Kammer. Den dortigen Feierabend-Bauernmarkt haben sie kurzerhand selbst ins Leben gerufen, da es in dem kleinen Ortsteil von Traunstein keine Nahversorgung mehr gab. Während sie die ersten Male noch allein ihre Waren – Gemüse und Backwaren von der *Bäckerei Stumhofer* aus Chieming – feilboten, fanden sie schnell weitere Dandler für ihren Markt. »Hätte es nicht funktioniert, wären wir einfach wieder nach Hause gefahren«, erzählt Basti, »aber einen Versuch war es wert.« Mittlerweile kommen sogar aus den Nachbardörfern die Leute zum Einkaufen nach Kammer. Von 15 bis 18 Uhr findet der Markt am Freitag statt – eine Uhrzeit, die sie bewusst gewählt haben: »So erwischen wir auch Leute, die vormittags keine Zeit haben, weil sie beispielsweise arbeiten gehen.« Der Plan geht auf, »und obendrein macht mir das Marktgehen richtig viel Spaß«, freut sich Basti. »Die Abwechslung zwischen dem bunten Markttreiben und der Ruhe auf dem Acker, diesen Kontrast, den mag

**DE GMIASARA**

**Sara Müllner & Sebastian Rieder** • Chieminger Str. 8 • 83365 Nußdorf
Tel. 08669/909 91 40 • instagram.com/de.gmiasara
Die Produkte von den *Gmiasaran* gibt es in verschiedenen Bioläden im Chiemgau, auf dem Wössner Wochenmarkt (Mi 7.30–12.30 Uhr) sowie dem Bauernmarkt in Kammer (Fr 15–18 Uhr).

JACK&JONES
PACIFIC
COAST

Tipp der Gmiasara

Die wilde Naturseite des Chiemgaus kann man bei Ricarda Berendson von *Haute Krauture* kennenlernen: Bei tollen Veranstaltungen gibt sie ihr Wissen rund um die heilenden Kräfte, das Sammeln, die richtige Verwendung und die leckere Zubereitung von Wildkräutern weiter.

ich besonders. Es ist schön, seine Kundschaft Woche für Woche zu treffen, erzählt zu bekommen, was sie aus unseren Sachen gekocht haben, wie es geschmeckt hat. Diese direkte Rückmeldung ist toll.«

Für ihren Betrieb bedeutet die Direktvermarktung des feinen, ökologisch angebauten Gemüses nicht nur eine engere Kundenbindung, sondern auch eine Wertsteigerung. Auf dem Markt können sie zudem Ware verkaufen, die nicht der Standardnorm entspricht und beim Handel schnell rausfällt, obwohl es einwandfreie, hochwertige Lebensmittel sind. »Uns ist es wichtig, dass wir damit ein Zeichen gegen Verschwendung setzen«, betont Sara. »Das Gute am Markt ist, dass wir unsere Kunden kennen, mit ihnen reden können. Wenn es gehagelt hat und die Zucchinis einmal nicht so schön sind, dann verstehen unsere Kunden das. Die Läden hingegen nehmen die Ware meist nicht mehr.« Ein Stück weit können sie so auch Aufklärungsarbeit leisten: »Was in der Erzeugungs-Ernte-Kette alles wegfällt – besonders im konventionellen Bereich –, das wissen die meisten gar nicht. So können wir zumindest einen Teil davon auffangen.« Was Sara und Basti von anderen Betrieben unterscheidet? »Wir fühlen uns nicht wie die klassischen Gemüsegärtner. Unser Zugang ist einfach anders, eher bäuerlich«, wagt Sara einen Erklärungsversuch. »Wir machen viele Dinge, die auf den ersten Blick nicht immer Sinn für den Betrieb machen, uns aber wichtig sind. So wie Hühner und Schafe halten zum Beispiel. Wir haben einen ganzheitlichen Ansatz und leben bäuerliche Werte – mit dem Unterschied, dass wir keine klassische Hofstelle haben.« Und Basti ergänzt: »Dass *De Gmiasara* so gut funktionieren, liegt auch daran, dass sie auf dem Fundament unserer Freundschaft stehen. Die ist einfach unheimlich stark und besonders. Und gemütlich sind wir schon auch.«

Es scheint so, als wären die beiden als Team nicht nur unschlagbar, sondern auch nur schwer aus der Ruhe zu bringen. Eine Eigenschaft, die nicht zu unterschätzen ist. »Den Perfektionismus verlierst du ganz schnell, wenn du anfängst mit der Natur zu arbeiten«, stellt Sara fest. »Und das bedeutet für uns: bio, also natürliche Prozesse zu beobachten und im Einklang mit der Natur zu arbeiten. Im konventionellen Bereich wird die Natur oft als ein Produktionsfaktor gesehen, den man ständig überlisten muss. Das kommt für uns nicht in Frage.« Auch wenn die beiden Lehrgeld zahlen: »In einem Jahr macht man etwas und es funktioniert super, und im nächsten Jahr macht man es genauso und es funktioniert gar nicht. Aber das macht es eben auch spannend und abwechslungsreich«, erzählt Basti, und Sara

Mehr als nur junges Gemüse: Für die Gemüsegärtner Sara Müllner und Sebastian Rieder gehört die Tierhaltung mit Hühnern, Schafen und Katze dazu – auch ohne eine typische Hofstelle.

demeter
von uns
Gurken
Auberginen
Salate, Endivien
Bohnen
Kräuter
Rahner
Knoblauch
Tomaten neu!
Zucchini
Tomaten
Mangold
Frühkartoffeln
Blumensträuße
... und jede
Woche mehr!
Paprika

stimmt zu: »Gefühlt macht man immer alles falsch, aber daraus lernt man eben auch unheimlich viel. Unser Lehrmeister ist die Natur, und mit ihr das Beste aus unseren Pflanzen herauszuholen, das macht uns nicht nur unheimlich viel Spaß, sondern vor allem auch stolz.«

Neben dem Gemüseanbau gehört zu *De Gmiasara* auch ein Blumenfeld: Von April bis in den November hinein kann man sich auf dem Feld am Ortseingang von Sondermoning Bio-Blumen in Demeter-Qualität pflücken. Im Gegensatz zu vielen anderen Blumenfeldern blüht auf dem Acker von Sara und Basti eine bunte Vielfalt: Zwischen 30 und 40 Sorten wachsen hier. Die Saison läuten Frühblüher wie Tulpen, Narzissen, Iris und Pfingstrosen ein, ehe im Sommer vielfältige Sommerblumen und Gladiolen das Feld mit ihrer Blütenpracht zum Leuchten bringen. Bis in den Herbst hinein verführen Sonnenblumen, Astern und Dahlien zum Blumenpflücken.

Und im Winter, wenn es bei den *Gmiasaran* etwas ruhiger wird, schmieden die beiden Pläne für die Zukunft. Vom Verfrühen mittels Vliesen, Folientunneln oder beheizten Gewächshäusern halten Sara und Basti schon aus Gründen der Nachhaltigkeit wenig. Viel interessanter hingegen finden sie den Ansatz, ihr Gemüse haltbar zu machen – durch Einkochen, Dörren oder Fermentieren beispielsweise. So können sie ihre Ernte irgendwann vielleicht auch selbst weiterverarbeiten und dabei mit den verschiedensten Geschmäckern spielen.

Woche für Woche bieten die Gemüsegärtner ihre frisch geerntete Ware auf verschiedenen Wochenmärkten in der Region an. Der direkte Kontakt zu den Kunden ist den *Gmiasaran* besonders wichtig.

# Winterlicher Kartoffelsalat mit Postelein

Frisches Grün für die kalte Jahreszeit

**Zutaten für 4 Personen**
1 kg Queen-Anne-Kartoffeln
Mind. 150 g Butter
1 Zwiebel
Weißweinessig
Salz, Pfeffer
1 Handvoll Postelein

**Zubereitung**
Die Kartoffeln kochen, schälen und in feine Scheiben hobeln.

Die Butter in der Pfanne zerlassen und die fein gewürfelte Zwiebel kurz darin dünsten.

Die Zwiebel-Butter-Mischung über die Kartoffeln geben und mit Weißweinessig, Salz und Pfeffer abschmecken.

Kurz vor dem Servieren das gewaschene Postelein unterheben.

**TIPP**
Anstelle des Posteleins kann auch fein geschnittener und lauwarm abgewaschener Endiviensalat zum Kartoffelsalat gegeben werden.

# Schäferei Fröwis

## Hochwertiges Lammfleisch und feine Wollprodukte

Schäfer im Vollerwerb gibt es in Oberbayern nurmehr wenige. Dass Quirin Fröwis diesen Beruf ergriffen hat, ist vor allem seinem Vater Werner zu verdanken – und ein Stück weit der Bequemlichkeit, doch dazu gleich mehr. Die Geschichte der Schäferei Fröwis begann 1981, als sich Werner Fröwis ein Schaf mit zwei Lämmern zulegte. Jahr für Jahr wuchs die Herde weiter, bis der hauptberufliche Polizist 1990 schließlich den alten Hölzlhof in Mais bei Amerang erwarb und so den Grundstein für die Schäferei legte, die heute sein Sohn Quirin führt. »Dass ich das mit den Schafen weiter mache, das war schon immer klar. Schon als kleiner Bub wusste ich das. Doch dass es einmal mein Hauptberuf wird, das war dann doch eher ein spontaner Entschluss«, gibt der junge Schäfer zu und verrät lachend: »Eigentlich war ich nur zu faul eine Bewerbung zu schreiben.« Heizungsbauer oder Zimmerer hätten ihn auch gereizt, vor allem, da hier auch Lehrlingsgehalt und anschließender Verdienst um einiges höher ausfallen. »Aber beim Schäfer, da habe ich gewusst, dass ich einfach nur anrufen muss, und dann geht das seinen Gang.« Bereut hat Quirin seine Entscheidung bisher nicht. »Ich bin gern mein eigener Chef und schätze diese Freiheit, dass ich mir meine Zeit frei einteilen kann. Und wenn es mir doch einmal nicht mehr taugt, kann ich immer noch etwas anderes machen.«

Ob und wie sein Sohn die Schafhaltung einmal betreiben würde, spielte für Vater Werner keine Rolle, doch eines stand immer fest: wenn, dann richtig. »Also mit ordentlicher Lehre. Und die habe ich dann auch gemacht«, erzählt Quirin. Nach einem Berufsgrundschuljahr ließ er sich ein Jahr in einem Betrieb in Fürstenfeldbruck und ein weiteres Jahr in einem mittelfränkischen Betrieb zum Tierwirt mit Fachrichtung Schäferei ausbilden und hütet seitdem tagein, tagaus seine mittlerweile rund sechshundert eigenen Merinoschafe. Gemeinsam mit seiner Familie arbeitet er Hand in Hand, und alle helfen sich gegenseitig.

Die Arbeit mit den Schafen, das Draußensein in der Natur, all das hat es Quirin angetan. »Besonders schön finde ich es, dass wir die Jahreszeiten mit den Schafen so intensiv erleben. Wir sind bei schönem Wetter, aber

**SCHÄFEREI FRÖWIS**

Mais 6 • 83123 Amerang • Tel. 08075/91 39 41 • schaeferei-froewis.de
Öffnungszeiten: Termine nach Vereinbarung

auch bei jedem Sauwetter draußen. Die Abwechslung ist toll. Irgendwie ist immer etwas anders, jeden Tag.« Und auch wenn Quirin die Ruhe auf der Weide gern genießt, so freut er sich auch, wenn der eine oder andere Spaziergänger auf einen Ratsch bei ihm anhält. Bei schlechtem Wetter hingegen sind die Schäfer viel alleine – etwas, das man mögen muss.

Das Hüten der Schafe ist nicht die einzige Arbeit des Schäfers. Neben dem Anbau von Winterfutter gehören auch die Instandhaltung der Weiden und Ställe und die Klauenpflege zum Berufsbild. Ein Beruf, der auf viele eher speziell wirkt. »Wir Schäfer sind schon ein eigener Schlag Mensch«, stimmt Quirin zu. »Natürlich ist jeder anders, aber ein eigenes Volk sind wir schon. Vielleicht, weil wir einen noch stärkeren Bezug zur Natur haben als in der ›normalen‹ Landwirtschaft – dadurch, dass wir wirklich jeden Tag draußen sind. Freilich, die Bauern sind auch draußen, aber wenn es mal eine Woche lang schlechtes Wetter hat, dann geht der Bauer in den Stall oder arbeitet an den Maschinen in der Werkstatt. Das gibt es bei uns nicht. Wir sind trotzdem Tag für Tag mit den Hunden draußen bei den Schafen«, erklärt er und fügt lachend hinzu: »Auch wenn wir dann schauen, dass wir schnell wieder nach Hause kommen.« Die Begeisterung für seinen Beruf, sei er noch so speziell, hat Quirin auf jeden Fall noch lange nicht verloren.

Anfang Januar geht es für die Schafe der Familie Fröwis in den Stall. »Im Winter, wenn es Schnee hat und Eis, dann haben wir unsere Stallzeit. Dann sind für ein paar Monate im

Flauschige Vierbeiner: Rund 600 Tiere zählt die Herde von Schäfer Quirin Fröwis. Dass er sich einmal tagein, tagaus um sie kümmern würde, stand für ihn schon als kleiner Junge fest.

Jahr alle Tiere drinnen.« Es ist die Zeit, in der man zwar nicht jeden Morgen mit dem Gedanken an die Schafe aufwacht, ob die Nacht draußen alles gut gegangen ist, aber es ist trotzdem keine ruhige Zeit für den Schäfer und seine Familie, denn zwischen Januar und März ist Haupt-Lammzeit. Dann darf Quirin viele neugeborene Lämmer und ihre Mütter versorgen und auch schon einmal Hebamme spielen. »Ich finde es immer wieder aufs Neue faszinierend, wie schnell so ein kleines Lamm auf die Beine kommt, wie schnell das fit ist. Da ist es keine fünf Minuten alt, schon steht es und sucht nach dem Euter seiner Mutter und schaut, dass es ein bisschen Milch abbekommt.«

Ende April geht es für die Tiere wieder hinaus auf die Weideflächen. In der Pflege der Kulturlandschaft und besonderer Flächen, beispielsweise im Ameranger Moos, spielen die Schafe eine große Rolle. Sie lassen sich bestens einsetzen, um Naturschutzflächen oder schwer zugängliche Gebiete zu pflegen und die Artenvielfalt zu erhalten. So leistet die Schäferei einen wichtigen Beitrag zur Biodiversität. Doch nicht nur die Natur profitiert. »Was natürlich auch toll ist an der Weide: Unsere Schafe können sich dort ihr Futter selbst wählen und müssen nicht das fressen, was ich ihnen vorgebe. Sie können einen eigenen Instinkt entwickeln, selektieren und sich die besten Kräuter aussuchen«, freut sich Quirin.

Seine Familie ernährt der Schäfer vor allem durch den Verkauf von hochwertigem regionalem Lamm- und Schaffleisch. Hinzu kommt die Ausgleichszahlung für die Landschaftspflege. Außerdem bieten die Fröwis verschiedene Wollprodukte wie Lammfelle, Decken, Kinder- und Hüttenschuhe, Lammfellsäcke für den Kinderwagen oder Schafsmilchseifen an. Und Urlaub kann man auf dem Hölzhof auch machen, in einer kleinen, feinen Ferienwohnung.

### Quirin Fröwis' Tipp

Zu einer faszinierenden Zeitreise lädt das Bauernhausmuseum in Amerang ein. Umgeben von hübschen Bauerngärten und Streuobstwiesen bieten 17 historische Bauernhäuser, Bundwerkstadel und Werkstätten Einblicke in das bäuerliche Leben vergangener Epochen.

# Orientalisches Lamm mit Couscous-Salat

Ein Hauch von 1001 Nacht

**Zutaten für 4 Personen**

*Für das Lamm*

1 kg Lammfleisch (Keule)
2 Knoblauchzehen
½ TL Meersalz
2 EL Olivenöl
2–3 TL Ras el Hanout (Gewürzmischung)
2 EL Butterschmalz

*Für den Couscous-Salat*

500 ml Gemüsebrühe
300 g Couscous
4 EL Zitronensaft
1 TL Ras el Hanout
1 Granatapfel
200 g Feta
1 Bund Minze
2 EL Olivenöl
Salz

*Für die Joghurt-Minz-Soße*

1 Zehe Knoblauch
1 Bund Minze
1 EL Zitronensaft
1 EL Olivenöl
250 g Naturjoghurt
Salz und Pfeffer

**Zubereitung**

Das Lammfleisch in kleine Fetzen schneiden. Den Knoblauch mit dem Meersalz zu einer Paste zerdrücken und anschließend mit Olivenöl sowie dem Ras-el-Hanout-Gewürz vermischen. Das Lammfleisch mit der Paste marinieren und mindestens 1 Std. im Kühlschrank ziehen lassen.

In der Zwischenzeit die Gemüsebrühe kurz aufkochen und gemeinsam mit dem Couscous sowie Zitronensaft und Ras el Hanout in eine Schüssel geben. Die Mischung etwa 10 Min. quellen lassen und gelegentlich umrühren.

Die Kerne des Granatapfels auslösen. Den Feta in kleine Stücke bröseln. Die Minze waschen, trocken schütteln und in feine Streifen schneiden. Granatapfel, Feta, Minze und Olivenöl zum Couscous geben und mit Salz, Zitronensaft und Ras el Hanout abschmecken.

Für die Joghurt-Minz-Soße den Knoblauch pressen, die Minzblätter fein hacken und mit dem Zitronensaft sowie dem Olivenöl zum Joghurt geben. Alles vermischen, mit Salz und Pfeffer abschmecken und etwas ziehen lassen.

Nun das Fleisch in einer Pfanne mit Butterschmalz scharf anbraten und mit dem Salat und der Soße servieren.

# Gratwanderung Design

## Zeitlos schöne Dirndl

Klare Linien, schlichtes Design und hochwertige Stoffe: Das sind die Dirndl von Natalie Streck. Ihr Label *Gratwanderung* steht für handgemachte Trachtenunikate aus Reit im Winkl. Jedes ihrer maßgefertigten Dirndl ist ein Einzelstück und wird passgenau auf die Figur geschneidert. Mit Leidenschaft für die bayerische Tracht und gutes Handwerk holt sie in ihrer kleinen Manufaktur so die Tradition ins Heute.

Fast schon nebenbei hat die diplomierte Modedesignerin mit ihrem Label *Gratwanderung* ihre Leidenschaft zum Beruf gemacht. Geplant war das nicht, eher aus der Not heraus geboren. Denn auf der erfolglosen Suche nach einem authentischen, traditionellen und doch modernen Dirndl für die Wiesn hatte sich die – damals in Düsseldorf lebende – Chiemgauerin kurzerhand selbst eines geschneidert. Dass sie bei jenem Wiesn-Besuch ihren Mann kennenlernte, war da fast schon Schicksal. Familie und Freunde begannen dann, nach und nach Trachtenstücke bei Natalie zu ordern. Und so nahm die Sache ihren Lauf. Als dann mit dem zweiten Kind der Umzug von der Stadt zurück aufs Land anstand, wurde es richtig ernst mit dem eigenen Label. Heute kann sich Natalie Streck mit *Gratwanderung* nicht nur frei entfalten, sondern bringt dabei Familie und Beruf auch bestens unter einen Hut.

Der Fokus ihres Trachtenlabels liegt auf Dirndln. Die sind für Natalie mehr als nur ein Kleidungsstück. »Ein Dirndl – insofern es wirklich ein traditionelles Dirndl, eine Tracht ist und gut sitzt – hebt, finde ich, in jeder Frau das Schönste hervor«, schwärmt Natalie. »Ich habe noch keine Frau gesehen, die in einem Dirndl nicht schön aussah. Und man ist auch einfach immer gut angezogen in einem Dirndl oder in Tracht generell.« Die Möglichkeiten in Tracht zu gehen, sind vor allem hier in Oberbayern vielfältig. »Egal ob Taufe, Hochzeit, runder Geburtstag, Einschulung, Abschluss – wenn du ein schönes, klassisches, hochwertiges Dirndl im Schrank hast, brauchst du gar nicht lange überlegen, was du anziehst – das passt einfach immer.« Hinzu kommt, dass Tracht wieder modern ist, zeitgemäß. »Es ist toll, dass jetzt auch verstärkt wieder junge Leute Tracht tragen und der Tradition so

**GRATWANDERUNG DESIGN**
Rosenweg 8 • 83242 Reit im Winkl • gratwanderung-design.de
Öffnungszeiten: Termine nach Vereinbarung

neues Leben einhauchen. Es ist wieder etwas, was man gern trägt«, stellt Natalie fest.

Natürlich sollte man sich in seiner Tracht absolut wohlfühlen. Damit das bei Natalies Kundinnen auf jeden Fall so ist, werden ihre Dirndl maßgeschneidert. Denn die meisten von uns passen eben nicht genau in eine Konfektionsgröße. »Das Besondere ist, dass ich die Schnitte für das Dirndl wirklich am Körper der Kundin modelliere. So sitzt es am Ende wie eine zweite Haut.« In ihrem heimischen Atelier sucht Natalie gemeinsam mit ihren Kundinnen zunächst den Schnitt und die Stoffe aus. Letztere sind von Trachten Höfer, einer regionalen Weberei in Prien am Chiemsee. Mit ihrer hochwertigen Qualität bilden die Stoffe die perfekte Basis für eine *Gratwanderung*-Kreation. Stehen Schnitt und Stoffe fest, nimmt Natalie Maß und steckt eine grobe Nesselprobe am Körper ab. Im Anschluss fertigt sie eine ganz eigene Nesselprobe für jede Kundin an und passt diese noch einmal am Körper an. Die perfekte Passform und Schnittführung sind maßgebend für ein *Gratwanderung*-Dirndl. Anhand der individuellen Nesselprobe wird anschließend das Dirndl in liebevoller Handarbeit geschneidert. Ist die Trachtenkreation fast fertig, gibt es noch einmal eine Anprobe. Letzte Details werden festgelegt, und nach weiteren vier bis acht Stunden ist das individuelle Dirndl schließlich vollendet.

Insgesamt stecken in einem *Gratwanderung*-Dirndl etwa 35 Stunden Handarbeit. Mit viel Liebe zum Detail erschafft Natalie in ihrem Atelier dabei Kleidungsstücke, die so einzigar-

Ein Dirndl hebt in jeder Frau das Schönste hervor, findet Natalie Streck. Die Modedesignerin aus Reit im Winkl schneidert ihren Kunden hochwertige Trachtenunikate passgenau auf die Figur.

tig sind wie ihre Trägerinnen. »Jedes Dirndl ist so individuell, dass es die Persönlichkeit und den Charakter der Kundin unterstreicht. Und obwohl es nur logische Konsequenz ist – denn die Kundin wählt Schnitt und Stoffe selbst aus, und ich stehe anfangs nur bei der Entscheidungsfindung zur Seite –, finde ich das immer wieder aufs Neue faszinierend«, erzählt Natalie. »Ich hatte einmal fünf Bräute relativ zeitgleich, und dann lagen alle Dirndl hier auf dem Tisch nebeneinander und man konnte tatsächlich anhand des Designs sagen, welches Dirndl zu welcher Braut gehört – einfach, weil es so gut zu den einzelnen Personen gepasst hat.«

Viele von Natalies Kundinnen lassen sich ihr *Gratwanderung*-Dirndl zu einem besonderen Anlass schneidern, etwa zur Hochzeit. Durch das klassische Design lassen sich die Unikate anschließend mit wenigen Kniffen variieren und ändern und werden so zu Kleidungsstücken, die ihre Besitzerinnen über viele Jahre hinweg durchs Leben begleiten. »Die Verarbeitung ist so hochwertig, dass das Dirndl ein Leben lang hält und sogar noch an die Kinder oder Enkelkinder vererbt werden kann. Es ist auch immer so viel Nahtzugabe drin, dass es sich um bis zu zwei Größen rauf oder runter ändern lässt und so auch im Lauf des Lebens noch einmal perfekt angepasst werden kann.« Daher rät Natalie ihren Kundinnen bei der Stoffauswahl eher schlicht und somit zeitloser zu bleiben.

## Natalie Strecks Tipp

Genießen mit Kaiserblick: Das können die Gäste der *Stoaner Alm* im Reit-im-Winkler-Ortsteil Birnbach. Das Restaurant bietet zur typisch bayerischen Küche einen großartigen Blick auf Wilden und Zahmen Kaiser. Da die *Stoaner Alm* sehr beliebt ist, empfiehlt sich eine Reservierung.

Zu Recht: *Gratwanderung*-Kreationen sind besonders wegen ihrer harmonischen Farb- und Stoffkombinationen beliebt. Etwas, wofür Natalie ein gutes Gespür besitzt. »Man kann dann superschön mit Schürzen variieren und so dem Dirndl schnell und einfach einen neuen, frischen Look verleihen«, erklärt sie. Und da darf es dann auch mal mutiger sein: »Ich persönlich breche da gern mit der Tradition und kombiniere schon mal etwas gewagter. Da ist dann eben der schmale Grat gefragt – ein Dirndl soll natürlich immer noch die Tradition wahren, aber es darf eben auch einmal mit einem gewissen Augenzwinkern ein bisschen Zeitgeist mitspielen.« So entstehen bei *Gratwanderung* Kreationen, die zeitlos sind und doch wandelbar. Echte Klassiker eben.

Zeitlos schön und doch wandelbar:
Mit ihren Trachten-Kreationen bewegt sich Natalie Streck stets auf dem schmalen Grat zwischen Tradition und Moderne.

# Mühle St. Johann

## Es klappert die Mühle am rauschenden Bach …

Ein bisschen fühlt es sich so an, als reise man beim Besuch der *Mühle St. Johann* in eine längst vergangene Zeit. Die malerisch gelegene Mühle ist eine der wenigen Kleinstmühlen hierzulande, die noch existiert. Seit 1506, mehr als ein halbes Jahrtausend, wird in dem kleinen Weiler bei Siegsdorf aus Korn Mehl gemahlen. Einst mit Wasserrad und Mahlstein, heute mit Wasserturbine und Walzenstuhl.

»Damals, da hast du einfach in einer Mühle gearbeitet, da war das hier alles selbstverständlich«, erzählt Josef Bachmeier, der seit 1977 die Geschicke der Mühle leitet. »Und heute, da ist das hier ein bestaunenswertes Mobiliar, heute, da bist du ein Exot.« In einer sich immer schneller verändernden Welt ist der Müllermeister zu einer außergewöhnlichen Konstante geworden. »Hier in der Mühle, da merkt man, wie sehr sich die Welt verändert – und mit ihr die Menschen. Für Außenstehende ist die Mühle wie aus einer stehengebliebenen Zeit. Und auf einmal, da bist du etwas Besonderes. Das ist etwas, was mich oft erstaunt, denn ich war all die Jahre hier ja auch aktiv.« Die Mühlen sind – auch wenn es so scheint – in St. Johann nicht stehengeblieben. Es wird immer wieder modernisiert und ergänzt. Doch eben behutsam und mit Bedacht. »So ein Walzenstuhl, der läuft locker 100 Jahre. Warum soll ich eine Maschine ersetzen, die ihre Aufgabe gut erfüllt? Eine neue, hochtechnologische Maschine, die könnte ich gar nicht mehr erwirtschaften.« Und sie würde für die Kleinstmühle auch keinen Sinn machen. Während Industriemühlen bis zu 100 000 Tonnen am Tag mahlen, werden in der *Mühle St. Johann* etwa 500 Tonnen im Jahr gemahlen. »Der Vorteil ist, dass ich an unseren alten Walzenstühlen noch selbst Hand anlegen, reparieren und justieren kann. Und solange sie funktionieren, werden sie genutzt. So scheint unsere Mühle vielleicht ein wenig wie ein Museum, aber sie ist eben auch durch und durch authentisch.«

Bis zu 1000 Kilogramm Getreide vermahlt die Mühle in einer Stunde zu backfähigen Mehlen ohne Zusatzstoffe. Weizen, Roggen und Dinkel für die hochwertigen Mehle stammen von bayerischen Bauern. Über die Jahrzehnte

**MÜHLE ST. JOHANN**
Mühlenstr. 25 • 83313 Siegsdorf • Tel. 08662/9328 • muehle-st-johann.com
Öffnungszeiten: Mo–Fr 8–18 Uhr, Sa 9–13 Uhr

5 kg netto
Roggen-
Vollkornmehl
Type 1800
Mühle
St. Johann
- seit 1506 -
Mühle St. Johann
83313 Siegsdorf/Obb.
Mühlenstr. 25
Telefon 08662 9328
Fax 08662 409820
muehle-st-johann@gmx.de
Weizen &
Roggen-Mehl

## Josef Bachmeiers Tipps

Fast genauso urig wie die Mühle ist der *Mesnerwirt* in St. Johann. Direkt neben der kleinen Kirche genießt man in den gemütlichen Stuben des Wirtshauses oder im sonnigen Biergarten bayerische Spezialitäten, wie z. B. das herrlich knusprige Schnitzel mit Bratkartoffeln.

hinweg konnte sich die *Mühle St. Johann* ein Netzwerk aus regionalen Landwirten aufbauen, die die Mühle mit ihrem Getreide beliefern. Das bringt nicht nur eine gewisse Stabilität in schwierigen globalen Zeiten, auch die Qualität stimmt. Und die ist für ein gutes Mehl unabdingbar. »Man kann nicht einfach ein Getreide vermahlen und hat automatisch ein gutes Mehl«, erklärt der Müllermeister. »Ein gutes Mehl machen viele Faktoren aus wie Eiweißgehalt, Backfähigkeit, Rösche, Bräune, Geschmack – und die resultieren aus einer bestimmten Getreidequalität in Kombination mit einer schonenden Verarbeitung.« Beim Mahlen selbst hat besonders der Walzenstuhl – das Herzstück einer Mühle – mit seinen Tausenden von Riffeln großen Einfluss auf die Qualität eines Mehls. Je schärfer die Schneide einer Riffel ist, desto höher ist der Durchsatz. Doch sind die Riffeln leicht stumpf, wird das Mehl wolliger, voluminöser und weicher. Für beste Qualität muss man also einen gewissen Energiebedarf in Kauf nehmen. Doch für Josef Bachmeier ist nur das Ergebnis entscheidend. Ein Vorteil seiner Mühle: Sie nutzt die Wasserkraft der Roten Traun. Bei guter Wassermenge reicht der erzeugte Strom für die gesamte Mühle.

Das Schönste am Müllerhandwerk ist für Josef, dass er aus dem ihm anvertrauten Rohstoff ein Produkt entstehen lässt, das jeder nutzen kann. »Der Landwirt, der seine Flächen bestellt und mit seiner Kraft, seinem Engagement ein Getreide erzeugt, das ich dann weiterverarbeiten und veredeln darf – diese Zusammenarbeit, dieses Ineinandergreifen, diese Nachhaltigkeit, wenn man so will, das ist schon toll. Wenn manches Getreide hier ankommt und man denkt, was soll man daraus noch machen, und dann schafft man es mit seinen Maschinen, seinem Handwerk, ein hochwertiges Mehl zu produzieren, das ist die größte

Freude.« Und stärkt die regionalen Kreisläufe. Etwas, das dem Müllermeister sehr wichtig ist: »Viele kleine Betriebe decken auch einen großen Bedarf. Nur leider gibt es immer weniger davon.« Heute veredelt Josef das Korn nach allen Regeln der Kunst – bis es so weit war, brauchte es allerdings viel Erfahrung. »Das Getreide ist nicht immer gleich beschaffen. Da braucht es viel Feingefühl, das ist ein langer Prozess.« Doch dann schafft man es auch aus schon verloren geglaubtem Getreide ein Mehl von einwandfreier Qualität zu erzeugen und die regionale Wertschöpfung hochzuhalten.

Wie viele Kleinstmühlen hat auch die *Mühle St. Johann* seit fast dreißig Jahren einen kleinen Laden. Über eine schmale Treppe gelangt man zum Mühlenladen im ersten Stock. Begleitet vom beständigen Rattern der Walzenstühle können die Besucher durch das umfangreiche Sortiment stöbern. Mehr als vierzig verschiedene Getreide-, Körner- und Flockenarten sowie mehr als fünfundzwanzig verschiedene Mehle, Schrote und Grieße aus Weizen, Roggen und Dinkel stehen zur Auswahl. Daneben gibt es u. a. Müslis und Cerealien, Nudelsorten aus Hartweizen und Dinkel, Trockenfrüchte und Nüsse, Tees und Getreidekaffee, Kräuter, Gewürze und Öle, Aufstriche und Suppen, Backzutaten, Getreidemühlen und Bücher. Der Großteil der Produkte stammt aus der Region und ist von Bio-Qualität. Und damit man die teils schweren Einkäufe nicht über die steile Stiege schleppen muss, werden diese mit einem Seilzug aus dem Fenster direkt hinunter zum Kundenparkplatz befördert. Praktisch!

Einen detaillierten Blick hinter die Kulissen der *Mühle St. Johann* können Interessierte bei einer Mühlenführung werfen. Für die kleine Zeitreise durchs Mühlenhandwerk kann man sich direkt beim Müllermeister anmelden.

# Lotznhof

## »Guads von dahoam«

Angefangen hatte alles mit einer buckeligen Wiese. Und dann kam eines zum anderen. Heute ist das Herzstück des *Lotznhofs* ein wunderbarer Hofladen, in dem ausschließlich regionale Produkte angeboten werden. Mit der Eröffnung haben sich Claudia und Martin Reichtalhammer einen lang gehegten Wunsch erfüllt.

»Jeder hat ja eine Leidenschaft für etwas«, beginnt Claudia zu erzählen, »und ich habe einfach schon immer gern Lebensmittel hergestellt. Vom Marmeladeeinkochen über das Brotbacken bis hin zum Käsen.« Der Traum vom Hofladen schlummerte schon lange in ihr. Seit 2012 betreibt die Familie einen Hof mit Jungbullenmast in der Nähe von Engelsberg. Vor vier Jahren sind Weideochsen vom Bayrischen Fleckvieh dazugekommen. »Ich habe unten eine Wiese, die schlecht zum Bewirtschaften ist. Und da war dann die Überlegung, was wir damit machen«, erklärt Martin. »Irgendwann kam die Idee auf, eine Weide daraus zu machen. Und dann kam die nächste Überlegung: welche Tiere? Von Schafen bis Ochsen waren sämtliche Viecher im Gespräch.« Letztere sind es dann auch geworden. Nebenbei hat Claudia schon darüber nachgedacht, dass die Familie einen Teil des Fleischs selbst vermarkten könnte. Nachdem das jüngste der drei Kinder in den Kindergarten kam, hatte sie wieder mehr Kapazitäten frei. »Und dann haben wir einfach angefangen, ausprobiert, wie man eine Weide aufstellt und wie wir die Tiere da reinbekommen.« Heute stehen von April bis Oktober etwa 15 bis 20 Weideochsen auf den Buckelwiesen der Reichtalhammers. Den Winter verbringen die Tiere im Stall.

Mit dem Entschluss, die Vermarktung selbst zu übernehmen, kam schließlich der Hofladen ins Gespräch. »Wir dachten, wegen dem Fleisch allein, da kommt ja keiner hier raus, da muss mehr her«, stellt Martin fest, und Claudia ergänzt: »Ich liebe ja Wochenmärkte und Hofläden, aber mich hat schon immer gestört, dass die meisten nur ihre eigenen Produkte anbieten. Dann fährst du zum einen Bauern wegen den Kartoffeln, zum anderen wegen dem Fleisch und zum nächsten

**LOTZNHOF**
**Familie Reichtalhammer** • Maierhof 1 • 84549 Engelsberg
Tel. 08622/98 78 24 • lotznhof.de
Öffnungszeiten: Fr 8–18 Uhr, Sa 8–13 Uhr

für die Milch und die Eier. Das stresst unheimlich. Und deshalb wollten wir das große Ganze haben. Ein vielfältiges Sortiment komplett aus der Region.« So einfach war es dann aber doch nicht, denn: »So ein Hofladen, wie wir ihn haben, wird nicht ganz so gern gesehen, weil es im Grunde keine Direktvermarktung mehr ist – die besteht nämlich zu 90 Prozent aus eigenen und nur zu zehn Prozent aus zugekauften Produkten«, erklärt sie. Die Hartnäckigkeit der Reichtalhammers hat sich letztendlich aber ausgezahlt.

Heute besticht der Hofladen mit einem facettenreichen Sortiment. »Wer möchte, der kann nahezu seinen gesamten Grundeinkauf bei uns erledigen«, freut sich Claudia. Neben Fleisch und Wurst gibt es Backwaren, Eier, Nudeln, Käse, Milchprodukte, Obst und Gemüse, Getreideprodukte, Öle, Honig und Marmeladen, Bioweine, Soßen, Knödel, Aufstriche, Gewürze, Tee, Schokolade und einiges mehr – das meiste hausgemacht oder aus einem Umkreis von rund 30 Kilometern.

Durch den Hofladen lässt sich das eigene Fleisch vielfältiger und zielgruppengerecht vermarkten. »Vor allem die junge Generation kauft keine großen Fünf- oder Zehn-Kilo-Fleischpakete mehr. Die kaufen oft nur das, was sie in den nächsten Tagen direkt zubereiten möchten«, stellen die Landwirte fest. »Außerdem ist uns besonders wichtig gewesen, dass wir das gesamte Tier vermarkten können – von Kopf bis Schwanz. Und mit dem Laden, da können wir beispielsweise auch die Innereien anbieten, damit wirklich nichts üb-

Die enorme Vielfalt an regionalen Produkten ist es, die das Sortiment des *Lotznhofs* besonders macht. Claudia und Martin Reichtalhammer haben sich damit einen langgehegten Wunsch erfüllt.

rigbleibt.« Leberknödel und Lüngerl gehören also genauso zum Sortiment wie T-Bone, Flank und Flat Iron – Fleisch-Cuts, die besonders bei den Jüngeren gut ankommen. Je nach Jahreszeit sind bestimmte Fleischstücke beliebter. Um dennoch das ganze Tier verwerten zu können, gibt es auch eine große Auswahl an Wurstwaren wie Leberkäse und Salami vom Rind, Käsegriller, Currywurst oder Fleischsalat. »Ein weiterer Vorteil vom Rindfleisch ist, dass es im Vakuum nachreift und lagerfähig ist. So zerlegen wir immer nur ein Vieh, und erst nach drei bis vier Wochen, wenn wir alles soweit verkauft haben, kommt das nächste. Manchmal hat zwar der eine oder andere wenig Verständnis dafür, dass er jetzt nicht genau das Fleischstück bekommt, was er gerade möchte, aber die meisten Kunden, die wissen das und richten sich danach. Das ist einfach ein Problem der heutigen Zeit, dass die Kunden gewohnt sind, immer alles direkt zu bekommen. Uns ist aber die Nachhaltigkeit, die Wertschöpfung wichtiger.«

### Tipp vom Lotzenhof

Vom Chiemsee schlängelt sich die Alz in Richtung Norden. Die weitläufigen Flussauen sind ein wunderbares Revier zum Radfahren. Daneben laden entlang des Alzradwegs lohnenswerte Ziele wie das Kloster Baumburg oder das *Gashaus zum Roiter* zu kleinen Abstechern ein.

Zu den Kunden der Familie Reichtalhammer gehören alle, die gern regional und bewusst einkaufen. »Wir legen bei unseren Lebensmitteln schon immer ein Augenmerk darauf, wo sie herkommen«, erzählt Claudia. »Und das wünschen wir uns auch hier im Hofladen: zufriedene Kunden, die das, was wir anbieten, schätzen. Denen in der Zeit von Billig-Discountern – in der viele Lebensmittel ihren Wert verloren haben – wichtig ist, sich regional, nachhaltig und mit wirklich guten Lebensmitteln zu ernähren.« Neben dem Hofladen lockt ein

kleines Stüberl die Kunden zu einer genussvollen Pause. Während der Öffnungszeiten bietet Claudia mit ihrem Team hier Frühstück, frisch gebackenen Kuchen und kleine Gerichte an. So lässt sich das Einkaufen perfekt mit einer Tasse Kaffee oder einer leckeren Brotzeit kombinieren.

Die Reichtalhammers haben mit ihrem Hofladen in Maierhof den richtigen Weg eingeschlagen und machen »Guads von dahoam« in einem tollen Ambiente erlebbar. Und obendrein haben sie sich beruflich einen Traum verwirklicht. »Es ist einfach toll, dass wir so jetzt den Kreislauf schließen können und von der Natur, vom Tier über die Veredelung bis hin zum Verkauf alles erleben dürfen«, fasst es Martin perfekt zusammen.

Im wunderschönen Hofladen des *Lotznhofs* spürt man sie, die Liebe zum Detail. Hier bekommen die hochwertigen Lebensmittel aus der Region den Auftritt, den sie verdienen.

# Rinderfetzen-Salat mit Brot

Brotzeit ist die schönste Zeit

**Zutaten für 4–6 Personen**

*Für den Salat*

2–3 Zwiebeln
1 Suppengemüse
1 kg Brust, Tafelspitz oder Bürgermeisterstück (Tri-Tip) vom Jungbullen oder Weideochsen
Salz
1 mittleres Glas Essiggurken
1 Bund Frühlingszwiebeln
Schnittlauch
Kürbiskerne

*Für das Dressing*

1 EL Apfelessig
1 EL Weißweinessig
1 TL mittelscharfer Senf
2 EL Kürbiskernöl
Salz, Pfeffer, Zucker
2–3 EL Gurkenwasser

**Zubereitung**

Am Vortag die Zwiebeln sowie das Suppengemüse schälen und grob hacken. Das Gemüse in einen Topf geben, mit Wasser auffüllen und das Rindfleisch in der Brühe garkochen. Mit Salz abschmecken.

Hinweis: Nach Belieben kann zusätzlich ein Stück Querrippe oder Knochen in die Suppe gegeben werden.

Das gegarte Fleisch über Nacht im Kühlschrank kaltstellen. Die Suppe kann nach Wunsch weiterverwendet werden.

Am nächsten Tag das Fleisch fein aufschneiden und in Stücke rupfen. Die Essiggurken, die Frühlingszwiebeln sowie den Schnittlauch in feine Scheibchen schneiden und zum Fleisch geben.

Für das Dressing Apfel- und Weißweinessig, mittelscharfen Senf sowie Kürbiskernöl vermischen und mit Salz, Pfeffer, Zucker und Gurkenwasser abschmecken. Das Dressing auf den Salat geben, alles gut vermengen und mit gerösteten Kürbiskernen servieren.

**TIPP**

Dazu passt frisches Bauernbrot.

# Chiemsee Schirme

## Alles fürs schattige Plätzchen

Nadine und Simon Pfeiffer haben die Schirmherrschaft übernommen. Ihre stilvollen Holzsonnenschirme aus nachhaltigen und hochwertigen Materialien spenden wertvollen Schatten, schützen natürlich vor UV-Strahlung und zaubern zugleich das perfekte Wohlfühlambiente. *Chiemsee Schirme* heißt ihr Label. »Schöne Dinge waren schon immer meine Leidenschaft«, erzählt Nadine, die die kleine Schirm-Manufaktur seit 2018 zusammen mit ihrem Mann Simon führt. »Und hier kann ich diese voll und ganz ausleben.« Die zeitlos schönen Sonnenschirme werden auf einem ehemaligen Bauernhof in Hub, einem idyllischen Weiler oberhalb von Prien am Chiemsee, gefertigt.

Form, Größe, Materialien: Damit sich der Sonnenschirm harmonisch in das Gesamtambiente einfügt, wird er individuell nach den Wünschen des Kunden gefertigt. Der robuste Mast ist aus Fichte, die Streben und Latten sind aus Esche, das Kopf- und das Schiebestück aus Erle – allesamt heimische Hölzer. Samuel Dahn montiert die Schirme im zur Schreinerei umfunktionierten Stall. Beobachtet man ihn bei der Arbeit, sieht man schnell, dass er schon seit einiger Zeit zum Team von *Chiemsee Schirme* gehört: Jeder Handgriff sitzt. Über das Gestell spannt sich das Dach, rund, quadratisch oder rechteckig – je nach Wunsch. Die Durchmesser der Schirme liegen zwischen 2,30 und 4 Metern. »Gedeckte Naturtöne wie Beige, Grün und Grau sind aktuell besonders beliebt«, weiß Nadine. »Gern mit Weiß gestreift. So fügen sich die zeitlosen Klassiker harmonisch in die Umgebung ein.« Der französische Dralon-Stoff ist besonders strapazierfähig und dennoch weich. Ebenso wichtig: Er ist wasserabweisend, bleicht nicht aus und trocknet schnell. So hält der Schirm nicht nur Sonne, Regen, Schmutz und Frost ab, er hält auch so einiges aus. »Einen hochwertigen Schirm kann man das ganze Jahr über verwenden«, bestätigt Nadine und ergänzt: »Nur Sturm, den hat er nicht so gern.«

Vom ehemaligen Stall führt eine schmale Holztreppe hinauf in den Dachboden. Dort befindet sich das Atelier von Daniela Gruber.

**CHIEMSEE SCHIRME**

Hub 6 • 83209 Prien am Chiemsee • Tel. 0175/884 70 03 • chiemsee-schirme.de
Öffnungszeiten: variieren je nach Jahreszeit
Frühling und Sommer: Mo 10–16 Uhr, Di/Do/Fr 10–13 Uhr

Große Fensterflächen holen die Natur von draußen nach drinnen und schaffen eine mehr als angenehme Atmosphäre. Im hellen Raum rattert derweil unermüdlich die alte Pfaff-Nähmaschine. Daniela ist gelernte Schneiderin und seit 2003 dabei. Es gibt nur wenige *Chiemsee Schirme*, die nicht durch ihre Hände gegangen sind. Zuerst rollt sie in ihrem Stofflager die großen, schweren Ballen aus, legt die Schablone auf und beginnt mit dem Zuschnitt. Acht Teile für runde Schirme, vier für die eckigen. Obendrauf das Kopfteil. Im Atelier fügt sie die Einzelteile schließlich mit ihren routinierten Händen zusammen. Nun noch Saum und Etikett, und schon ist das Stoffdach fertig. Wo dieser Schirm wohl einmal stehen wird?

Vom Süden bis in den Norden, vom Osten bis in den Westen: *Chiemsee Schirme* schmücken mittlerweile deutschlandweit Marktplätze, Cafés, Läden, Biergärten und natürlich unzählige Privatgärten. Auch in Österreich und Italien kann man die stilvollen Schattenspender entdecken. »Das liegt auch daran, dass wir inzwischen so gern und so viel draußen leben. Balkon, Terrasse und Garten sind eine beliebte Erweiterung unseres Wohnraums – und mit einem Schirm kann ich unabhängig vom Wetter gut geschützt im Freien sitzen«, erzählt Nadine. »Außerdem wächst das Interesse an kleinen Manufakturen. Viele Menschen wissen regionale handwerkliche Produkte wieder mehr zu schätzen«, freut sie sich. Da entscheidet man sich gern für einen zeitlosen, wertigen Schirm, der sich wunderbar einfügt, schön anzuschauen ist und lange hält – ein echter Klassiker eben.

Hochwertige Schattenspender: Die Holzsonnenschirme von *Chiemsee Schirme* werden von einem kleinen Team mit Leidenschaft für gutes Handwerk in einem Weiler bei Prien gefertigt.

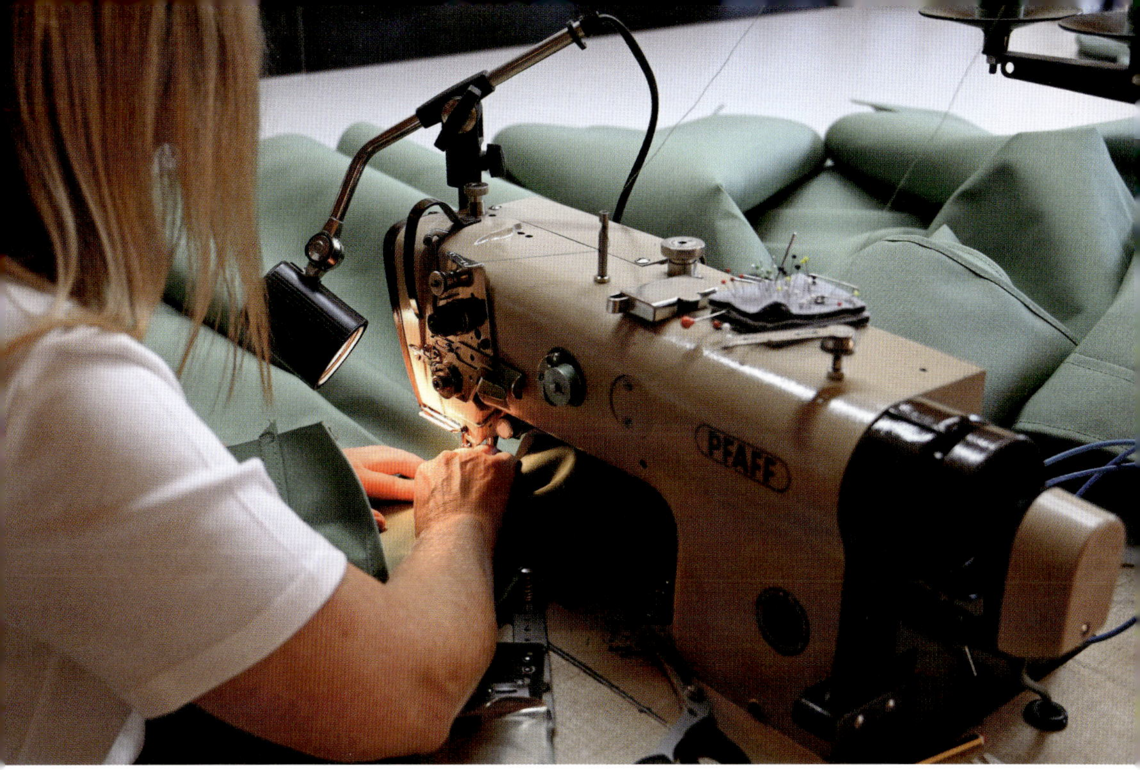

Die *Chiemsee Schirme* sind nicht nur Unikate, sondern auch Begleiter fürs Leben. Alle Teile – sowohl die Holzteile als auch die Schirmbespannung – lassen sich reparieren, restaurieren oder nach Wunsch erneuern. »Unsere Produkte sind nicht nur qualitativ hochwertig und von Hand gearbeitet, sondern dadurch auch wirklich langlebig und nachhaltig«, betont Nadine und ergänzt: »Wenn unsere Kunden ein Problem mit ihrem Schirm haben, sind wir für sie da. Auch Holzschirme anderer Hersteller richten wir.« Daneben hilft das Team bei Sturmschäden weiter. »Viele wissen gar nicht, dass beispielsweise der Sonnenschirm häufig über den Hausrat versichert ist. Mit unserem Know-how können wir unsere Kunden hier wunderbar unterstützen – weit über die Reparatur hinaus«, erklärt sie. Transparent, serviceorientiert, unkompliziert.

Im ehemaligen, geschmackvoll renovierten Milchhäusl dürfen die Kunden stöbern. Möbel aus Holz und Stahl, Kissen, Decken, Outdoor-Lampen, Windlichter – all die Dinge, die das Leben noch ein bisschen schöner machen. Hier ist auch Nadines Reich. Sie berät die Kunden, kümmert sich um alles Organisatorische. Und sie entwickelt neue Ideen, feilt am Konzept von *Chiemsee Schirme* . »Ich liebe es, neue Designs auszuprobieren, uns und unseren Produkten eine neue Sprache zu geben.« Seit sie die Manufaktur von Simons Mutter übernommen haben, entwickelt das Paar *Chiemsee Schirme*

### N. & S. Pfeiffers Tipp

Bei traditionellen bayerischen Spezialitäten oder feinen Gerichten der Nouvelle Cuisine genießt man in der *Schlosswirtschaft Wildenwart* Gastfreundschaft und Gemütlichkeit. Und nebenbei lässt sich auch ein Blick auf das Schloss erhaschen, das von Herzog Max von Bayern und seiner Familie bewohnt wird.

mit Herzblut und Leidenschaft stetig weiter. »Wir möchten uns weiter spezialisieren und die Kombination aus Näherei, Schreinerei und Metallbau stärken.« Eigene Outdoor-Möbel beispielsweise könnten die Schirme in Zukunft perfekt ergänzen. Mit ihren Regiesesseln und Strandliegen haben sie den Grundstein dafür bereits gelegt. »Es macht einfach Spaß, wenn man so ein schönes Produkt vertreten darf. Unter dem stilvollen Ambiente unserer Schirme verbringen die Leute eine tolle Zeit zusammen. Erleben, entdecken und genießen«, schwärmt Nadine. In der Manufaktur in Hub haben die edlen Produkte die perfekte Bühne auf jeden Fall schon gefunden. Die wunderschöne Terrasse im großen Garten ist ein einzigartiger Showroom unter freiem Himmel.

Stilvolle Ergänzung: Für das passende Ambiente sorgen die ausgesuchten Möbel, Lampen und Accessoires, die Nadine Pfeiffer im ehemaligen Milchhäusl zum Kauf anbietet.

# KAVA coffee roasters

## Röstfrisches Kaffee-Glück

Weißer Sand, türkisblaues Wasser, lateinamerikanische Salsa-Rhythmen: Auch wenn der Chiemsee an manchen Tagen durchaus karibisches Flair verbreitet, ist hier trotzdem nicht vom Bayerischen Meer die Rede. Nein, die Geschichte von *KAVA coffee roasters* begann tatsächlich in der Karibik, genauer gesagt auf Kuba. Im Urlaub entdeckte Simon Sattler die perfekte Immobilie für einen Coffeeshop im Herzen von Traunstein. Das Zeichen, auf das er gewartet hatte, denn beruflich konnte er zwar schon länger seine Kaffeeleidenschaft ausleben, doch ein guter Angestellter sei er nie gewesen. Etwas Eigenes, einen Ort für all seine Ideen, das war sein Traum. Fast schon filmreif schnappte er sich einen abgegriffenen Zettel und brachte seinen Businessplan zu Papier. Neben ihm seine schwangere Frau Dani, die ihn immer mal wieder fragte, ob er sich denn da wirklich sicher sei, mit den ganzen Zahlen, die er sich aufs Papier gesponnen hatte. Doch Simon war überzeugt, und zurück in Deutschland wagten sie das Abenteuer.

Die Philosophie von *KAVA* ist einfach: richtig guter Kaffee. Nicht mehr, aber auch nicht weniger. »Um Kaffee wirklich perfekt zuzubereiten, brauchst du wahnsinnig viel Ahnung und wahnsinnig viel Gefühl«, weiß Simon. »Kaffee ist eine unglaublich faszinierende Materie. Und je mehr du dich damit auseinandersetzt, desto spannender wird es. Ich vergleiche ihn gern mit Wein, nur ist es noch viel spezifischer: Denn wenn du einen guten Kaffee, eine perfekt geröstete Bohne hast, kannst du daraus immer noch den schlechtesten Kaffee machen, den du je getrunken hast«, lacht er. »Es ist wie beim Kochen – du musst dich in das Lebensmittel reindenken, und dieses Ziel, den perfekten Genuss in die Tasse zu bringen, das motiviert mich jedes Mal aufs Neue.« Ein toller Nebeneffekt: »Du siehst immer gleich dein Ergebnis und bekommst auch direkt das Feedback deiner Kunden.« Und das fällt glücklicherweise fast ausschließlich positiv aus.

Mit den ersten Erfolgen kam schnell die Idee, zum Coffeeshop eine eigene Rösterei zu eröffnen. »Wir hatten da natürlich unsere

**KAVA RÖSTHAUS CHIEMING**

Hauptstr. 28 • 83339 Chieming • Tel. 0176/44 20 01 53 • kavacoffee.de
Öffnungszeiten: Do–So 10–17.30 Uhr
Weitere Filialen in Traunstein, Rosenheim und Salzburg

KA
VA

## Simon Sattlers Tipp

Der Erlebnisspielplatz in Schmelz ist ein tolles Ausflugsziel für die ganze Familie: An 14 Stationen können die Kleinen heimische Tiere entdecken, klettern, planschen und so einiges erleben. Danach geht es zur 10 Min. entfernten *Moaralm* mit dem besten Kaiserschmarrn weit und breit.

ganz eigene Vorstellung, wie unser Kaffee schmecken sollte«, erzählt Simon. »Und wir wollten unserem Produkt, das uns repräsentiert, nicht nur geschmacklich, sondern auch optisch unseren Stempel aufdrücken.« Nachdem der Röster, mit dem sie bis dahin zusammengearbeitet hatten, etwas zurückhaltend war, beschloss Simon kurzerhand, das Rösten selbst in die Hand zu nehmen. »Und dann haben wir es einfach gemacht.« Simon, der mutige Träumer, und Dani, die eher Bodenständige, die die Fäden in der Hand hält und ihm den Rücken stärkt – zusammen bilden sie ein unschlagbares Team, das die Liebe zum Kaffee eint.

»An der Rösterei hängt aber nicht nur dieser Traum, den wir hatten, sondern auch, dass wir das Thema Kaffee noch nachhaltiger aufziehen möchten«, erklärt Simon. »Denn nur weil eine Rösterei klein ist, heißt es nicht unbedingt, dass sie auch nachhaltig ist.« Ein Ansatz: den Kaffee direkt importieren. »Kaffee ist ein Naturprodukt, dessen Herkunft und Qualität uns enorm wichtig ist. Deshalb beziehen wir unseren Kaffee direkt und fair von kleinen Kaffeebauern und nicht durch eine Kooperative. Und wir versuchen dieses persönliche Netzwerk immer weiter auszubauen, immer näheren Bezug zu den Bauern herzustellen, alles möglichst transparent zu machen.« Ein nachhaltiges Bio-Siegel spielt da eine untergeordnete Rolle. Denn auch wenn die *KAVA*-Produkte ökologisch nachhaltig erzeugt werden, ist nicht jeder Kaffee bio-zertifiziert. Das liegt daran, dass einige Plantagen, von denen Simon und Daniela ihren Kaffee beziehen, schlichtweg zu klein sind, um sich zertifizieren zu lassen.

Auch wenn sie alle Qualitätsstandards erfüllen. »Die Wertschätzung für das Produkt ist noch einmal eine ganz andere, wenn man den Kaffeeanbau, der dahintersteckt, live erlebt. Wenn man sieht, wie extrem aufwendig es ist, so eine Charge grünen Kaffee zu produzieren. Ich glaube, auch deshalb können wir unseren Beruf so intensiv und mit solch einer Leidenschaft ausleben.«

Auf dem Weg vom sorgfältig ausgewählten Rohkaffee in die Tasse ist das Kaffeerösten für Simon das schönste Thema von allen. »Das Rösten, das ist das Nonplusultra, wenn man sich mit Kaffee auseinandersetzt«, schwärmt er. »Jede einzelne Bohne, obwohl es einfach nur eine grüne Kaffeebohne ist, ist einzigartig in ihrem Röstverhalten. Menge, Temperatur, Luftfeuchtigkeit – da spielen so viele Faktoren eine Rolle. Aber das macht auch den Reiz aus: unter den gegebenen Umständen mit den eigenen Fähigkeiten, den eigenen Sinnen das beste Produkt zu erschaffen.« Bei *KAVA* werden alle Kaffee- und Espressoröstungen von Hand im schonenden Langzeitröstverfahren veredelt. Durch die längere Röstzeit wird der Kaffee bekömmlicher. Außerdem bieten die kleinen Rösttrommeln die Möglichkeit, auf jede Kaffeesorte individuell einzugehen. »Wir können die charakteristische Aromapalette jeder Sorte herauskitzeln und den Bohnen den vollen Geschmack entlocken«, betont Simon. »Und das ist auch das Spannende am Rösten – es ist nicht so monoton, wie man vielleicht meinen möchte, sondern jeder Kaffee hat seinen eigenen Punkt, seinen eigenen Weg der Röstung.«

An ihnen kommt kein Kaffeeliebhaber im Chiemgau vorbei: *KAVA coffee roasters*. Kräftiger Espresso, cremiger Cappuccino oder ein perfekter Latte Macchiato – hier dreht sich alles um feinsten Kaffeegenuss in bester Qualität.

Wenn die noch grünen Bohnen im Röster an dunkler Farbe gewinnen, das Wasser Stück für Stück verdampft und die ersten süßlich fermentierten Aromanoten in die Nase steigen ... das ist der Moment, für den sich all die Mühe, die so ein Kaffeeuniversum mit sich bringt, lohnt. »Der Facettenreichtum ist unheimlich toll. Mal fruchtig, mal nussig, mal schokoladig. Wir experimentieren da auch sehr gern, einfach weil wir es so lieben.«

Genießen kann man den *KAVA*-Kaffee im Rösthaus in Chieming sowie in den *KAVA-Coffeeshops* in Traunstein, Rosenheim und Salzburg. Auch viele andere Gastronomiebetriebe im Chiemgau haben den leckeren Kaffee auf der Karte, daneben gibt es alle Sorten auch im Online-Shop.

Transparent und nachhaltig: Herkunft und Qualität ihres Kaffees sind für Simon und Daniela Sattler enorm wichtig. Deshalb beziehen sie ihre Kaffeebohnen direkt und fair von kleinen Bauern.

elko

# Espresso-Schoko-Tartelettes

Für die Extraportion Koffein

**Zutaten für 6–8 Tartelettes**

*Für den Teig*

210 g Mehl
150 g Butter
70 g Zucker
15 g Kakaopulver
1 Prise Salz
Backlinsen

*Für die Ganache*

260 ml Sahne
60 ml Espresso (z. B. »KAVA Bio Espresso 70er«)
300 g Zartbitter-Kuvertüre
70 g Butter
1 Prise Salz

*Für das Topping*

1 Glas Konfitüre (z. B. Waldfrucht – wichtig: ohne Stücke oder Kerne)
Zwei Handvoll frische Beeren
1–2 EL gehackte Pistazienkerne
1 EL Quinoa-Pops

**Zubereitung**

Den Backofen auf 160 °C Umluft (180 °C Ober-/Unterhitze) vorheizen.

Für den Teig alle Zutaten bis auf die Backlinsen miteinander verkneten und die Tartelettes-Formen damit auslegen. Mit einer Gabel kleine Löcher in die Teigböden stechen. Die Förmchen für ca. 20 Minuten in den Kühlschrank stellen. Anschließend Backlinsen darauf verteilen und ca. 12–15 Minuten blind backen.

Für die Ganache die Sahne mit dem Espresso aufkochen. Die Kuvertüre klein hacken und mit der Butter sowie einer Prise Salz zur aufgekochten Espresso-Sahne geben. Die Mischung so lange rühren, bis die Schokolade vollständig geschmolzen ist. Achtung: Nicht mehr kochen lassen!

Die Ganache leicht abkühlen lassen und dann auf die Tartelettes-Böden verteilen. Dabei noch etwas Platz bis zum Rand für das Topping lassen. Die Tartelettes für mindestens 4 Stunden kühlstellen.

Für das Topping die Konfitüre unter Rühren in einem Topf erwärmen, bis sie flüssig und glatt ist. Leicht abkühlen lassen und anschließend gleichmäßig auf den Tartelettes verteilen. Die Tartelettes erneut kühlstellen, damit das Topping fest werden kann.

Zum Schluss mit den Beeren, gehackten Pistazienkernen und den Quinoa-Pops dekorieren.

SCHMIEDEWERK
ASBECK

# Schmiedewerk Asbeck

## Altes Handwerk aus junger Meisterhand

Hammer und Amboss. Kraft und Präzision. Im Einklang mit den vier Elementen fertigt Benjamin Asbeck in traditioneller Handarbeit hochwertige Messer für Individualisten. Köche, Jäger, Fischer, Outdoor-Enthusiasten und Trachtenliebhaber lassen sich bei ihm ein Schneidewerkzeug geprägt von Handwerkskunst und Heimatgefühl anfertigen.

Dunkel ist es in der kleinen Schmiede in der Nähe von Breitbrunn. Durch ein kleines Fenster dringt schummriges Licht in die alte Werkstatt. Der Geruch von Metall, Kohlenstaub und Öl erfüllt die Luft. Benjamin entfacht mit geübten Handgriffen das Kohlenfeuer. Kurze Zeit später zieht er eine rotglühende Klinge aus dem mittlerweile rund 900 °C heißen Feuer. Mit gezielten schweren Hammerschlägen auf dem Amboss formt er das Stück Stahl Schlag für Schlag zu einer feinen Messerklinge.

Stahl und Holz – mehr braucht Benjamin nicht für seine Messer. »Schon immer gehört es zur Philosophie des Schmieds, den Stahl nicht zu kaufen, sondern wiederzuverwerten. Mein Onkel hat immer gesagt: ›Das liegt alles umeinander, du musst es nur hernehmen‹, und so ist es auch.« Meist sind es Autofedern oder alte Feilen, die sich am besten für ein Messer eignen. Bei einer Funkenprobe bestimmt Benjamin anhand des Funkenflugs den Kohlenstoffgehalt des Stahls. Ist dieser hoch genug, kann der Stahl gehärtet werden und ist somit ideal für ein Messer. »Die Farben, den Funkenflug des Stahls richtig einzuschätzen, das braucht viel Erfahrung«, weiß Benjamin. Ist der ideale Stahl für den Auftrag gefunden, fängt er an die Klinge zu schmieden. »Ich arbeite immer an etwa drei bis sechs Klingen gleichzeitig. Da kann es schon einmal vorkommen, dass ich die Klinge doch für einen anderen Kunden nehme, wenn ich merke, dass sie für ein anderes Messer noch besser passt.« Ist die Klinge fertig, sucht Benjamin – oft auch gemeinsam mit dem Kunden – das Griffholz aus. Der Erl, das Endstück der Klinge, wird erhitzt und unter enormer Kraft in das Holz gebrannt. Es entsteht eine formschlüssige Verbindung. Eine Technik, die schon die Kelten angewendet haben. »Ich mache das auch heute noch so«, erklärt Benjamin. »Es braucht

**SCHMIEDEWERK ASBECK**

**Benjamin Asbeck** • Tel. 0173/5708268 • schmiedewerk-asbeck.de

Öffnungszeiten: Termine nach Vereinbarung

wenige Hilfsmittel und hält.« Zum Schluss fertigt der Schmied die Stichblätter und alles, was das Messer optisch verschönert. Nach etwa 12–18 Arbeitsstunden ist das Schneidewerkzeug schließlich fertig.

Die Faszination für das Handwerk und die Schmiedekunst entdeckte Benjamin schon im Kindesalter. Er wuchs auf einem Vierseithof in der Nähe von Neumarkt-Sankt Veit auf. Seine Mutter ist Malerin, sie zeigte ihm den kreativen Umgang mit dem Material. Von Vater und Onkel, Schlosser und Schmied, schaute er sich das Handwerkliche ab. Als sich Benjamin dazu entschlossen hatte, das Schmieden beruflich zu verfolgen, riet ihm sein Vater, zunächst etwas Gestalterisches wie Bildhauer zu lernen oder Schlosser. »Und so habe ich Schlosser gelernt, dann habe ich den Industrieschweißer gemacht und dann noch meinen Meister. Rückblickend hat mir das wirklich viel ermöglicht. Ich konnte und kann nebenher immer noch wo anders arbeiten. Nur die Schmiede zu haben, würde mich einfach unnötig unter Druck setzen und mir die Kreativität nehmen. Ich möchte keine Massenware produzieren. Lieber habe ich eine längere Wartezeit, mache es exklusiver, und habe aber dann auch selbst richtig Freude daran.«

Heute versteht sich Benjamin auf eine Kunst, die ihresgleichen sucht. Doch: »Drei bis sechs Jahre habe ich schon mein Lehrgeld bezahlt«, gesteht Benjamin. Wenn ihm ein Messer nicht gefällt, behält er es auch heute noch und fertigt ein neues für seine Kunden. Sein Ziel ist nichts weniger als ein perfektes Pro-

Jäger, Köche, Fischer, Trachtler: Die handgearbeiteten Messer von Benjamin Asbeck sind gefragt. Der Schmied versteht sich auf eine jahrtausende alte Handwerkskunst wie kaum ein anderer.

dukt. »Ich habe einen hohen Anspruch an mich selbst. Ich verkaufe erst dann, wenn ich es eigentlich gern selbst behalten möchte. Dann fällt es zwar besonders schwer, aber dann weiß ich, dass ich selbst daran nichts auszusetzen hätte und dass der Kunde rundum zufrieden ist.« Seine scharfen Klingen sind allesamt Auftragsarbeiten. »Ich stelle gern andere Menschen zufrieden«, erzählt Benjamin. »Und wenn ich das durch ein Handwerk, mein Handwerk erreichen kann, dann ist das für mich das Schönste. Dass ich etwas mit meinen Händen mache, am Ende des Tages sehen kann, was entstanden ist, und sich ein anderer darüber freut, es mir abkauft und es wertschätzt – das motiviert mich.«

Die Vorstellungen des Kunden klärt Benjamin vorab in einem Gespräch. Dann fertigt er eine Skizze des Messers an. »Manchmal bestellt ein Kunde ein Messer bei mir, das oft beeinflusst durch die Medien einfach eine falsche Vorstellung in ihm geweckt hat. Ein Messer, bei dem Nutzung oder Handgröße beispielsweise gar nicht mit seinen anderen Vorstellungen übereinstimmen. Da lese ich oft zwischen den Zeilen und fertige auch einmal ein Messer, das von den ursprünglichen Kundenvorstellungen total abweicht – doch letztendlich waren alle Kunden begeistert und glücklich darüber, dass ich auf meine Erfahrung, meine Expertise vertraut habe.«

»Das Besondere am Schmieden ist für mich, dass ich alle vier Elemente brauche. Das

### Benjamin Asbecks Tipp

Wer sich kulinarisch verwöhnen lassen möchte, sollte unbedingt die *Wachter Foodbar* in Prien am Chiemsee besuchen. Das exklusive Restaurant mit seinem modernen Tresen-Konzept steht für feinste Kochkunst und außergewöhnliche Kreationen in Wohlfühlatmosphäre.

gibt mir unheimlich viel. Feuer, Wasser, Steinkohle, Luft – mein Handwerk funktioniert nicht, wenn eines davon fehlt.« Arbeiten im Einklang mit den Elementen, das ist es, was Benjamin am meisten erdet. »Das Feuer fasziniert natürlich am meisten. Als Schmied lernt man es zu beherrschen – ich kann das Feuer auf 800 oder auf 2000 °C erhitzen. Und dabei ist Schmieden so pur. Ein Handwerk, das sich über die Jahrtausende nicht viel verändert hat. Es fasziniert mich immer wieder aufs Neue, dass man damals schon so funktionale Messer herstellen konnte. Natürlich machen es nicht mehr alle so ursprünglich wie ich, aber für mich funktioniert das einfach am besten.«

Ein Traum von Benjamin war es deshalb auch, einmal für ein Museum zu arbeiten oder Restaurationen zu machen. »Durchs Schmieden rutscht man automatisch ein bisschen in das Geschichtliche rein. Irgendwann weiß man beispielsweise, welches Messer für welche Zeit typisch oder ob ein Fund keltisch oder germanisch ist«, erzählt er. Einiges hat sich der Schmied aus Interesse angelesen. »Und jetzt habe ich tatsächlich Kontakt mit einem Archäologen und darf für ein Museum ein Duplikat eines 2000 Jahre alten Fundes schmieden. Das ist Wahnsinn! Das hat jemand vor 2000 Jahren geschmiedet, und jetzt darf ich das – von Schmied zu Schmied aber Tausende Jahre später – in meiner Schmiede noch einmal genau so schmieden. Das ist etwas wirklich Besonderes für mich«, freut sich Benjamin. »Das war kein richtiges Ziel, aber ein großer Wunsch von mir, der da gerade in Erfüllung geht.«

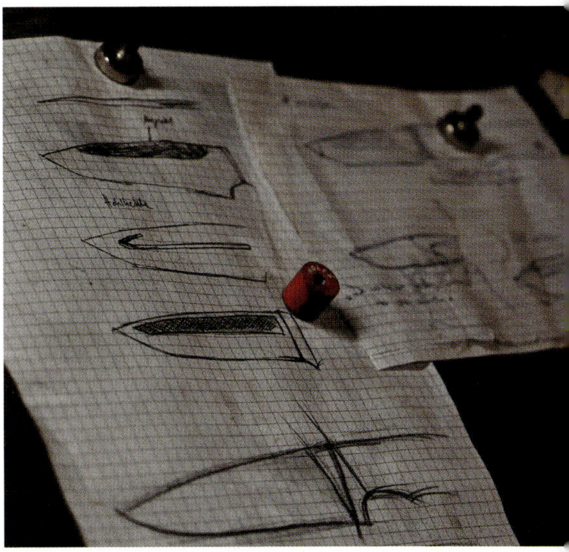

Pures Handwerk: Besonders die Arbeit im Einklang mit den Elementen fasziniert und erdet Benjamin Asbeck. Als Schmied macht er sich Feuer, Wasser, Erde und Luft geschickt zunutze.

# Naturkäserei St. Georg

## Naturbelassenes für gesundheitsbewusste Genießer

Dass Käse nicht gleich Käse ist, beweist die *Naturkäserei St. Georg* in Ruhpolding, denn hier entstehen in sorgsamer Handarbeit einzigartige Produkte. Schon die Zutaten sind in jeder Hinsicht besonders: Stuten- und Ziegenmilch in Bioland-Qualität. Eine neuartige Mischung, die gesundheitsbewussten Menschen und Feinschmeckern gleichermaßen mundet. Die Idee dazu stammt von der Familie Abfalter, den Inhabern der St.-Leonhards-Quellen.

Alexander Huber ist der Molkereimeister der *Naturkäserei St. Georg* und war von Anfang an dabei. »Es war uns klar, dass es keine leichte Aufgabe wird, einen Käse aus Stuten- und Ziegenmilch zu einem verkaufsfähigen Produkt zu entwickeln«, blickt er auf die Anfänge zurück. Getrieben von seiner Leidenschaft für Käse und unterschiedlichste Geschmäcker wagte er es gemeinsam mit der Familie Abfalter dennoch. »Wir bewegen uns in der Produktentwicklung auf einem schmalen Grat. Es geht nicht nur um die Konsistenz und die Optik, sondern auch um den Geschmack und allem voran den Erhalt der wertvollen Inhaltsstoffe«, betont er. Mit einer großen Portion Experimentierfreude ist es schließlich gelungen, das richtige Mischungsverhältnis und die richtige Herangehensweise bei der Herstellung zu finden.

Heute werden in der Käserei jede Woche ca. 500 Liter Stuten- und Ziegenmilch gemischt zu Frisch-, Weich- und Schnittkäse sowie Molke verarbeitet. Es entstehen rein natürliche Produkte, die sich ideal für eine gesunde Ernährung eignen – ohne Konservierungsstoffe oder Geschmacksverstärker. Damit alle wichtigen Nähr- und Wirkstoffe erhalten bleiben, wird die Milch bei niedrigen Temperaturen von etwa 63 °C pasteurisiert. Anschließend kommt der Käse in ein Salzbad, ehe er zum Nachreifen in den Käsekeller wandert, wo er sein volles Aroma entfalten kann, ehe er in die Verkaufsregale wandert.

Stutenmilch gilt bereits seit Tausenden von Jahren als Nahrungs- und Heilmittel. Schon die alten Griechen, die Ägypter, Mongolen und Chinesen schätzten ihre wertvollen Inhaltsstoffe. Sie verfügt über einen hohen Gehalt an Immunglobulinen und Vitamin C – so soll sie die

**NATURKÄSEREI ST. GEORG**

Mühlfeld 9 • 83324 Ruhpolding • Tel. 08663/780 98 22 • naturkaeserei-st-georg.de
Öffnungszeiten: Termine nach Vereinbarung. Bitte an der Türe des Bürogebäudes klingeln.
Die Produkte der Käserei sind zudem im Online-Shop erhältlich.

Abwehr stärken und positiv auf das Verdauungssystem wirken. Stutenmilch ist fettarm, aber zugleich reich an natürlichen Omega-3-Fettsäuren. Allerdings besitzt Stutenmilch von Natur aus wenig Kasein, ein für die Käseherstellung notwendiges Milcheiweiß. Hier kommt die nicht minder wohltuende Ziegenmilch ins Spiel mit ihrem hohen Anteil an Vitaminen, Spurenelementen und Mineralstoffen. Mit ihren Bitterstoffen rundet sie den milden nussigen, leicht herben Geschmack der Stutenmilch perfekt ab. Obendrein sorgt sie in einem Mischungsverhältnis von 60 Prozent Ziege und 40 Prozent Stute dafür, dass aus der Milch Käse hergestellt werden kann.

Die unterschiedlichen Käseprodukte der *Naturkäserei St. Georg* basieren nahezu alle auf dem gleichen Mischungsverhältnis. Dadurch erlangen sie einen einzigartigen Geschmack, den man so nicht kennt. Die Herstellung des Käses ist traditionell und handwerklich: Der Frischkäse wird noch in Kannen gemacht – ein Verfahren, das man sonst eher von Alm-Sennereien kennt. »Wir wollen mit echter Handwerkskunst das Beste aus den beiden Milchsorten herausholen«, betont Alexander. »Dabei zählt – gemäß der Philosophie der Familie Abfalter –, die ursprüngliche Kraft zu bewahren, die in den besonderen Rohstoffen steckt. Die natürlichen Vital-, Nähr- und Wirkstoffe bleiben in ihrem naturbelassenen Verbund erhalten. Unsere gemischten Käsesorten haben außerdem einige positive Nebeneffekte: Sie sind ideal für Kuhmilch-Allergiker und schmecken auch Menschen, die sich mit reinem Ziegenkäse nicht so

60/40 – an dem perfekten Mischungsverhältnis aus Stuten- und Ziegenmilch für den außergewöhnlichen Käse der *Naturkäserei St. Georg* hat Molkereimeister Alexander Huber einige Zeit getüftelt.

ganz anfreunden können«, erklärt der Molkereimeister. Nur der »Ruhpoldinger Goasskas« besteht ausschließlich aus naturbelassener Bio-Ziegenmilch. Der Schnittkäse darf drei Monate in einer aromatischen Naturrinde reifen und erhält so neben einer schnittfesten Textur auch seinen fein-würzigen Charakter.

Die gesamte Produktion der *Naturkäserei St. Georg* basiert auf dem achtsamen Umgang mit Mensch, Tier und Natur. Die Ziegenmilch kommt vom Bioland-Bauernhof der Familie Fagerer aus Piding. Die Stutenmilch stammt von eigenen Pferden des St.-Leonhards-Hofs der Familie Abfalter: Auf dem Gestüt bei Grabenstätt geben rund 30 Stuten der Rasse Leonharder, die Seniorchef Johann Abfalter selbst gezüchtet hat, Milch für die Käseproduktion. Dabei steht zu jeder Zeit das Tierwohl an erster Stelle. Die in der Herde gehaltenen Stuten und Fohlen haben beliebig viel Auslauf und genießen bestes Bio-Futter. Die ersten sechs Wochen nach der Geburt gehört die Milch ausschließlich den Fohlen. Auch darüber hinaus darf jedes Fohlen so lange bei seiner Mutter trinken, bis es satt ist. Für die Produktion wird ausnahmslos überschüssige Stutenmilch verwendet – etwa vier bis fünf Liter am Tag. Weil die Stutenmilch sehr empfindlich ist und schnell sauer werden würde, wird sie unmittelbar nach dem Melken tiefgefroren und erst zur Käseherstellung erwärmt. Die Ziegenmilch hingegen wird frisch verarbeitet. »Da braucht es schon Erfahrung, einen sensiblen Umgang und eine sorgsame Hand«, betont Alexander.

Die Bioland-zertifizierten Produkte sind im Online-Shop, in einigen regionalen Bio- und Naturkostläden sowie direkt bei der *Naturkäserei St. Georg* in Ruhpolding erhältlich.

### Alexander Hubers Tipp

Ruhpolding ist umschlossen von einer herrlichen Bergwelt. Diese lässt sich wunderbar bei einer Wanderung erkunden, z. B. am Unternberg mit toller Aussicht und Almeinkehr oder familientauglich rund um den Mittersee.

# Stuzi-Aufstrich nach Obatzda-Art

Ein Klassiker neu interpretiert

**Zutaten für**
**2–4 Portionen**

200 g Bio-Camembert der *Naturkäserei St. Georg*
2 EL weiche Bio-Butter
½ Zwiebel, fein gehackt
1 TL Paprikapulver, edelsüß
1 Prise Kümmel (gemahlen)
je 1 Prise Salz und Pfeffer

**Zubereitung**

Den Camembert in einer kleinen Schüssel mit Hilfe einer Gabel zerdrücken und anschließend so mit der Butter vermengen, dass eine feinbröckelige Masse entsteht.

Danach die Zwiebel dazugeben und die Masse mit dem Paprikapulver und dem Kümmel würzen. Anschließend mit etwas Salz und Pfeffer abschmecken.

**TIPP**

Den Aufstrich auf einem frischen Holzofenbrot servieren und mit frischen Radieschen und Schnittlauch garnieren.

# Bally und Bally

## Möbel mit Köpfchen

Zwei Brüder, eine Leidenschaft: die Herstellung von einfachen, intelligent konstruierten, hochwertigen Möbeln. Merlin und Welf Bally haben sich vor einigen Jahren dazu entschlossen, ihr eigenes Ding zu machen, und ihr Unternehmen *Bally und Bally* gegründet. In ihrer Werkstatt am Chiemsee entwerfen und produzieren sie eine eigene Möbelkollektion.

Dass die Brüder ihren beruflichen Weg einmal gemeinsam gehen würden, war nicht geplant. Zwar haben die beiden schon als Kinder zusammen an der elterlichen Werkbank getüftelt, doch dann zunächst unterschiedliche Wege eingeschlagen. Während Merlin an der Schreiner- und Schnitzerschule in Berchtesgaden seine Ausbildung zum Schreiner absolvierte und später in München den Meister machte, ist Welf gelernter Holzbildhauer und Bootsbauer. Als Merlin sich schließlich selbstständig machte, kam auch Welf dazu.

Von Anfang an war klar: Die beiden Brüder wollten keine klassische Schreinerei aufbauen. Denn die gibt es in der Region schon zur Genüge. Neben der Leidenschaft für das Handwerk teilen sie auch die Faszination für stimmige Konstruktionen und klares Design. So haben sie sich schnell auf ihre eigene Möbelkollektion fokussiert, die sie online und über ausgewählte Läden vertreiben. Als zweites Standbein fertigen die Brüder individuelle Küchen und Auftragsarbeiten nach Maß. Für die beiden eine gelungene Mischung. Denn der Anspruch, für ihre Kunden ein so durchdachtes, hochwertiges Produkt zu entwickeln, dass sie es letztendlich auch in die eigene Kollektion aufnehmen würden, ist immer da. Im Idealfall geht eine Auftragsarbeit sogar in das eigene Sortiment über. So wie z. B. der Ataka-Tisch, eine gelungene Kombination aus hochwertigem Massivholz, einem filigranen Stahlrahmen sowie einer intelligenten Seilkonstruktion, die dem Möbel nicht nur Stabilität verleiht, sondern auch eine einzigartige Optik.

Ihr Erfolgsrezept: »Wir haben einfach dieselbe Auffassung von dem, was ein gutes Möbel ausmacht«, erklärt Merlin. Einfach muss es sein und perfekt funktionieren. Im Entstehungsprozess bringt jeder seine Ideen ein. Hand in Hand tüfteln die Brüder an ihren Entwürfen. Am

**BALLY UND BALLY GMBH**
Am Anger 8 • 83339 Chieming • Tel. 08667/216 31 88 • ballyundbally.de
Öffnungszeiten: Termine nach Vereinbarung

Anfang steht immer eine Anforderung, ein Bedürfnis. Und das soll so klar und einfach wie möglich gelöst werden. »Und irgendwann hat man eine Idee, die man anpacken kann. Und die wächst dann immer weiter.«

Schließlich kommen die ersten Skizzen, und dann geht es ziemlich schnell an den Computer. Es werden dreidimensionale Ansichten erstellt und erste Details ausgearbeitet. Vom Digitalen geht es zurück ins Analoge. Prototypen und Musterteile wandern Hunderte Male durch die Hände der beiden. Akribisch wird getüftelt, ausprobiert und korrigiert – solange, bis das Möbelstück perfekt ist. Design und Konstruktion sollen die Funktion bestmöglich unterstützen und eine intuitive Handhabung ermöglichen. Auf dem Weg dorthin holen sich die Brüder gern die Meinung anderer ein, setzen auf die Erfahrungen und das Wissen ihres Netzwerks. Sie teilen ihre Ideen offen mit anderen, um das Beste herauszuholen. Und irgendwann ist er da: der Moment, an dem das Möbel fertig ist und die beiden entscheiden, in die Produktion zu investieren. »Wenn wir dann merken, dass unser Produkt Anklang findet, dass den Leuten gefällt, was wir machen, dann ist das einfach toll. Das treibt uns an. Wenn wir sehen, dass unsere Ideen aufgehen.«

Ein Markenzeichen der *Bally und Bally*-Möbel ist neben dem schlichten Design, der hochwertigen Qualität sowie der absoluten Funktionalität die Kombination von Holz und Metall, zwei Materialien, die sich ihrer Meinung nach perfekt ergänzen und viele Gestaltungsmöglichkeiten eröffnen. Holz ist nicht nur ein nach-

Merlin und Welf Bally wissen, was ein gutes Möbelstück ausmacht. In ihren Entwürfen kombinieren sie stimmige Konstruktionen mit einem klaren, modernen Design und intuitiver Handhabung.

wachsender Naturrohstoff, sondern besticht auch durch seine natürliche Haptik. Mit Metall hingegen gelingen schlankere Konstruktionen, und so manche Designs der beiden würden ohne Metall schlichtweg nicht funktionieren. Doch auch wenn die Kombination aktuell ihren Stil stark prägt, ist sie kein Muss. »Die Kombination kommt oder kommt nicht. Ein reines Vollholzmöbel oder Metallmöbel würden wir nicht ausschließen. Es muss einfach passen.« Auch Materialien wie Stoff oder Leder kämen für sie in Frage. »Wir haben viel Spaß daran, uns immer wieder neu auszuprobieren und zu schauen, was dabei herauskommt.«

Der Zusammenbau der *Bally und Bally*-Möbel funktioniert schnell und ohne Werkzeug. Binnen weniger Minuten steht ein neuer Tisch oder ein neues Bett im Raum und wird mit seinen farbigen Elementen zum leuchtenden Hingucker, der direkt für gute Laune sorgt.

Fast schon aus einer Selbstverständlichkeit heraus haben sich die Werte der Möbelmanufaktur etabliert. Robuste Möbel mit hochwertigen Oberflächen. Hergestellt aus nachhaltigen Materialien in Zusammenarbeit mit regionalen Partnern. Fair und transparent. »Wenn ich so hochwertige Materialien verwende, dann muss auch die Konstruktion so perfekt sein, dass sie Generationen übersteht. Alles andere macht schlichtweg keinen Sinn. Wir produzieren langlebige Möbel, die turbulente Zeiten überstehen.« Stück für Stück bauten sich Merlin und Welf Bally ihr eigenes Unternehmen auf. Für die Zukunft schlummern in den Köpfen der beiden noch viele Ideen für das perfekte Möbel. Doch die haben Zeit. Denn das ist ein Vorteil ihrer kleinen, feinen Möbelmanufaktur: Die Dinge dürfen achtsam, in ihrem eigenen Tempo wachsen.

### M. & W. Ballys Tipp

Für die beiden Segler ist natürlich ein Ausflug aufs Wasser ein Muss. Der Chiemsee ist nur einen Steinwurf von der Werkstatt entfernt und ein tolles Revier für alle Arten von Wassersport – vom Segeln über Stand-up-Paddling und Kite-Boarding bis zum Schwimmen.

# Gut Sossau

## Regionale Qualität mit höchsten Ansprüchen

Wenn wieder Hofladentag auf *Gut Sossau* ist, strömen die Leute aus nah und fern auf den Gutshof bei Grabenstätt – zum Einkaufen, aber auch zum Erleben und Genießen. Der Hofladen wartet mit einer breiten Palette an regionalen Lebensmitteln auf, im Stüberl gibt es leckere Schmankerl und meist auch Live-Musik. Da verwundert es kaum, dass manch einer zum Weißwurst-Frühstück kommt und am Nachmittag bei Kaffee und Kuchen noch immer die gesellige Atmosphäre genießt.

Seit 2008 gehört der Gutshof mit seiner Landwirtschaft der Unternehmerfamilie Meltl. Gemeinsam mit ihren Töchtern arbeitet Dorothea Meltl am Erfolg des Guts. Mit etwa 170 Milchkühen und 268 Hektar bewirtschafteter Fläche zählt *Gut Sossau* zu den größten und modernsten Milch produzierenden Betrieben in Oberbayern. Insgesamt leben auf dem Hof rund 450 Rinder – und viele Menschen. »Ich sage immer, Sossau ist für mich ein kleines Dorf. Hier leben viele Menschen, nicht nur unsere Mitarbeiter, sondern auch Externe, und insofern ist Sossau schon etwas ganz Besonderes. Es ist so viel mehr als ein Bauernhof«, erzählt Dorothea Meltl.

Die Landwirtschaft auf *Gut Sossau* stellt das Tierwohl an erste Stelle. »Nur wenn unsere Herde gesund ist, unsere Tiere sich wohl fühlen, werden auch unsere Produkte erstklassig.« Genügend Bewegungsfreiheit im Laufstall und ausreichend Ruheplätze bieten beste Bedingungen. Das Futter für die Tiere wird auf den Wiesen und Feldern rund um *Gut Sossau* selbst erzeugt. Daneben sind eine schonende Bodenbearbeitung, qualifizierte Mitarbeiter und die Nutzung modernster Technik Teile des Erfolgsrezepts von *Gut Sossau*. »Nur wer Natur und Tiere achtet, kann in der Landwirtschaft langfristig erfolgreich sein«, fasst es Dorothea Meltl treffend zusammen.

Auf *Gut Sossau* werden ausschließlich Tiere aus eigener Nachzucht aufgestallt. Ein Teil der Herde genießt im Sommer die Weiden rund um den Gutshof. Bis zu fünfzig Jungrinder dürfen die saftig grünen Wiesen rund um die Hocherbalm am Fuß des Hochfellns genießen.

**GUT SOSSAU – MELTL GMBH & CO. KG**

Gut Sossau 31 • 83355 Grabenstätt • Tel. 08661/982 00 • gut-sossau.de
Öffnungszeiten: Die Hofladentage finden mehrmals im Jahr von 9 bis 15 Uhr statt (Termine s. Webseite).

WILLIAMS BIRNEN BRAND
WINTER BIRNE
BIRNEN SPIRITUOSE
NEU !
Hirschschinken
Sossauer Freilandeier

## Dorothea Meltls Tipp

Am Fuß des Hochfelln liegt die Hocherbalm, ein denkmalgeschützter Bergbauernhof aus dem 16. Jh. Von Mai bis Oktober können Wanderer und Mountainbiker inmitten der wunderschönen Bergwelt eine leckere Almbrotzeit genießen.

Der denkmalgeschützte Bergbauernhof aus dem 16. Jahrhundert gehört zu *Gut Sossau* und wird im Sommer bewirtschaftet. Bei einer zünftigen Almbrotzeit können die Besucher auch einen Blick in die reaktivierte Sennerei werfen, wo die frisch gemolkene Milch zu naturbelassenem Berg- und Frischkäse verarbeitet wird.

Im Tal werden die hochwertigen Produkte des Guts im Hofladen zum Kauf angeboten. Für die Direktvermarktung hat sich die Familie Meltl bewusst entschieden, sie trägt entscheidend zum Erfolg des Guts bei. »Ich weiß, dass wir tolle Produkte in ausgezeichneter Qualität herstellen, und daran möchten wir die Region um uns herum teilhaben lassen«, erklärt Dorothea Meltl. »Wir stehen voll und ganz hinter dem, was wir tun, und gerade, wenn man mit seinem eigenen Namen für etwas steht, muss es hervorragend sein. Diesen Anspruch haben wir, und deshalb kommt da auch stolz unser Label *Gut Sossau* drauf.«

An den mehrmals im Jahr stattfindenden Verkaufstagen wird der Hofladen zum Mittelpunkt von *Gut Sossau*. Die Theke ist gut bestückt mit hochwertigem Fleisch von Rind, Kalb, Schwein und Wild. Schinken, Speck und Salami werden ebenfalls in der hofeigenen Metzgerei produziert. Einige der Wurstwaren sind aus Wildfleisch, das zum Großteil aus der eigenen Jagd rund um das Gut stammt. Daneben werden seit einigen Jahren auch Duroc-Piètrain-Schweine gehalten – selbstverständlich ihrer Art gerecht auf Stroh. Sie liefern die Premium-Qualität des Schinkens. »Mit unseren Produkten versuchen wir immer noch ein Quäntchen mehr zu bieten, als es vielleicht der Standard ist. Das macht uns ein Stück weit aus.«

Der Großteil der erstklassigen Milch geht an die Premium-Marke der *Molkerei Berchtesgadener Land*. Ein kleinerer Teil der Milch wird zu hochwertigen Käseprodukten verarbeitet, die dann teilweise über mehrere Monate hinweg zu besonderen Spezialitäten heranreifen. Neben dem Hocherbalmkäse, einem Käse nach Tilsiter Art, umfasst das Sortiment auch den mindestens vier Monate gereiften, würzigen Uralmkäse, einen aus Rohmilch hergestellten und mit Rotschmiere im Käsekeller gelagerten Almkäse sowie regelmäßig frisch hergestellten Frischkäse.

Edle Brände gehören ebenfalls zum Sortiment des Hofladens. In der Guts-Destillerie werden bereits seit vielen Jahrzehnten die Sossauer Spirituosen nach einer alten, überlieferten Familien-Rezeptur im handwerklichen Verfahren gebrannt. Kenner schätzen das individuelle Aroma, das dem jeweiligen Erntejahr seine Bedeutung verleiht. Neben Obstbränden von Apfel, Birne, Williams Birne, Zwetschge, Kirsche oder Bitterorange ist die »Sossauer Milli« sehr beliebt, ein Sahne-Likör mit feiner Marzipan-Note. Weitere Produkte wie regionaler Honig, Gewürze aus der *Gewürzmühle Rosenheim* oder erstklassiges Olivenöl vom Olivenhain der Familie am Gardasee runden das Angebot ab.

Einen Blick hinter die Kulissen von *Gut Sossau* können die Besucher am Hofladentag werfen, denn Transparenz und Aufklärung sind der Familie Meltl wichtig. Bei Hof- und Käsereiführungen geben die Mitarbeiter Einblicke, erklären die Kälberaufzucht und die Milchviehhaltung, zeigen von der Biogasanlage über den Fuhrpark bis zum Melkroboter die modernen Anlagen und erzählen, wie der Käse hergestellt wird.

Regionale Produkte von bester Qualität – dafür steht das *Gut Sossau*. Das wissen auch die Kunden zu schätzen, denn zum Hofladentag strömen die Leute aus nah und fern auf den stattlichen Gutshof bei Grabenstätt.

# Wild-Fleischpflanzerl mit Bete-Gemüse und Feldsalat

Genussvolles aus den heimischen Wäldern

**Zutaten für 4 Personen**

*Für 12 Fleischpflanzerl*

40 g altbackenes Weißbrot
40 g fetter Speck
400 g Wildhackfleisch
1 TL Pimentkörner
100 g Joghurt
Salz
60 g Schalotten
12 Stiele Thymian
20 g Butter
1 Ei
1 TL Orangenabrieb
2–3 TL Kakaopulver
Pfeffer
4 Scheiben Bacon
2 EL neutrales Öl

*Für das Bete-Gemüse*

400 g gelbe, geringelte und/oder rote Bete
5–6 EL Weißweinessig
Salz

*Für Dressing und Salat*

30 g Preiselbeerkonfitüre
1 TL mittelscharfer Senf
2–3 EL Olivenöl
Pfeffer
100 g Feldsalat

**Zubereitung**

Für die Fleischpflanzerl das Brot 10 Minuten in lauwarmes Wasser einweichen und anschließend stark ausdrücken. Speck fein würfeln und mit dem Hackfleisch vermengen. Piment im Mörser fein zermahlen. Ein Drittel des Piments mit Joghurt verrühren, mit Salz abschmecken und kaltstellen.

Schalotten fein würfeln. Thymianblättchen abzupfen und fein schneiden. 10 g Butter in einer Pfanne schmelzen, die Schalotten bei mittlerer Hitze ca. 2 Minuten dünsten. Thymian unterrühren und abkühlen lassen.

Hackfleisch in einer Schüssel mit verquirltem Ei, Orangenabrieb, Kakaopulver, Brot, Schalotten-Mischung und dem restlichen Piment gut vermengen. Mit Salz und Pfeffer würzen. Etwa 12 Fleischpflanzerl formen und für 15 Minuten kaltstellen.

Bacon quer in ca. 1,5 cm breite Streifen schneiden und in 1 EL Öl in einer ofenfesten Pfanne bei mittlerer Hitze ausbraten. Bacon herausnehmen und warmhalten.

Restliche Butter und restliches Öl erhitzen. Die Fleischpflanzerl bei mittlerer bis starker Hitze ca. 1 Minute je Seite braten. Anschließend im vorgeheizten Backofen bei 160 °C Ober-/Unterhitze ca. 12 Minuten garen. Nach der Hälfte der Zeit einmal wenden.

Für das Gemüse die Bete putzen und schälen. Nach Farben getrennt in dünne Scheiben hobeln. Mit jeweils 2 EL Essig und Salz würzen, kurz kneten und 5 Minuten ziehen lassen.

Für das Dressing den restlichen Essig mit Salz in einer Schale verrühren, Preiselbeerkonfitüre, Senf sowie 2–3 EL Wasser und Öl unterrühren. Mit Pfeffer würzen.

Feldsalat putzen, verlesen, waschen und trocknen. Die Bete jeweils mit etwas Preiselbeer-Dressing vermengen und auf Teller verteilen. Den Feldsalat behutsam mit dem restlichen Dressing mischen und mit den Fleischpflanzerln auf der Bete anrichten. Mit Bacon bestreuen und mit dem Piment-Dip servieren.

# Noch mehr Begegnungen

## HOFLÄDEN

**Sepp'n Bauer**
Rottauer Str. 72a, 83233 Bernau am Chiemsee, seppnbauer.de
Tel. 08051/9617222
Hofladen mit großer Auswahl an Fleisch und Wurst, saisonalem Obst und Gemüse, Molkereiprodukten, Eiern und mehr

**Jolling**
Jolling 14, 83093 Bad Endorf
jolling.de, Tel. 08053/49440
Bio-Gemüse aus der Gärtnerei und der Solidarischen Landwirtschaft. Daneben gibt es in regelmäßigen Abständen das *Jollinger Hofcafé.*

**Straußenhof Chiemgau**
Allerding 1, 83530 Schnaitsee
fleisch-vom-strauss.de, Tel. 08074/9179883
Selbstbedienungs-Hofladen mit Straußenfleisch, -wurst, -eiernudeln und -eiern für Deko-Zwecke

**Federvieh & Feines**
Hofgasse 4, 83278 Traunstein
federviehundfeines.com, Tel. 0861/90979325
Verkaufsladen mit eigenen Geflügelprodukten, Fleisch- und Wurstwaren aus der Metzgerei Trinkberger, Feinkost, Knödelspezialitäten, Käse, frischer Pasta etc.

**Chiemgaukorn**
Weiding 2, 83308 Trostberg
chiemgaukorn.de, Tel. 08621/806133
Vielfältige Getreideprodukte und frisch gepresste Öle sowie ein kleines Sortiment mit Produkten anderer Hersteller wie Oliven- und Kürbiskernöl, Hildegard-Produkte, Brotaufstriche, gesunde Knabbersachen, Kekse, Tee, Bücher, Gärkörbchen, Brotstempel etc.

**Ölmühle Garting**
Garting 2, 83530 Schnaitsee
oelmuehle-garting.de, Tel. 08074/917758
Hochwertiges kaltgepresstes Speiseöl aus eigener handwerklicher Produktion sowie Mehle, Saaten, Kerne und Nüsse und eine Auswahl regionaler Spezialitäten

**Mussenmühle**
Mussenmühle 1, 83342 Tacherting
mussenmuehle.de, Tel. 08621/2349
Über 20 verschiedene Sorten Qualitätsmehl sowie regionale Naturprodukte wie Nudeln, Müsli, Kaffee, Tees, Räucherfisch, Wurst und Käse, Holzofenbrot

**Wagenstaller Mühle**
Obermühl 49, 83083 Riedering
wagenstallermuehle.de, Tel. 08036/7720
Umfangreiches Sortiment an ausgesuchten Lebensmitteln sowie allerlei Zubehör für Brotbäcker

**Destillerie Schnitzer**
Kaltenbach 1, 83278 Traunstein
destillerie-schnitzer.com, Tel. 0170/744 37 41
Hofladen mit Likören, Bränden, Geisten, Gin und fassgelagerten Schnäpsen

**Anderlbauer Hofladen**
Hauptstr. 2a, 83112 Frasdorf
anderlbauer.de, Tel. 08052/847
Hofladen mit u. a. 20 Bio-Käsesorten aus Schaf-, Ziegen und Kuhmilch, Fleisch und Wurst von Lamm und Schaf, Wollprodukten, Schafsmilchseifen, Marmeladen, Honig, Obstessig, Apfelwein, Büchern, Schafmilchseifen

**BioBergen**
Auer Str. 25, 83346 Bergen
biobergen.de, Tel. 0151/19 15 70 68
Selbstbedienungs-Hofladen mit u. a. Wurst- und Fleischwaren, Käse, Gemüse, Eis

**Demeter Hofladen Nitzinger**
Chiemseestr. 25, 83125 Eggstätt
Tel. 08056/90 96 44
Bio-Hofladen mit Naturkost-Vollsortiment und Demeter-Gärtnerei

## MANUFAKTUREN

**Dørfkind Keramik**
Kirchplatz 3c, 83129 Höslwang
dorfkindkeramik.de, Tel. 08055/447 98 86
Handgemachte Keramik. Große Auswahl an u. a. Tellern, Schalen, Tassen, Bechern, Krügen, Vasen

**Drechselkunst Potocki**
Moosmühle 2, 83373 Taching am See
drechselkunst-potocki.de,
Tel. 08681/47 16 64 0
Handgearbeitete Gewürzmühlen, Dosen, Schalen, Vasen, Becher und mehr aus Holz

**amon. fair knit**
Wendelsteinstr. 2, 83209 Prien am Chiemsee
amon.store, Tel. 08051/962 64 60
Nachhaltiges Modelabel für hochwertige, zeitlose Strickteile, handwerklich gefertigt in der eigenen Strickmanufaktur

**Bindewerk**
Hallwanger Str. 4, 83209 Prien am Chiemsee
bindewerk.de, Tel. 08051/965 42 21
Kleine Buchbindemanufaktur, die eigene Kollektionen, handgebundene Bücher sowie Papeteriewaren herstellt, u. a. Notizbücher, Kalender, Skizzenblöcke, Hefte, Ordner, Leporellos, Fotoalben, Stiftköcher, Federmäppchen, Gästebücher, Sammelalben, Mappen, Schachteln

**Intuitiv gestalten**
Wasserburger Str. 13, 83123 Amerang
intuitiv-gestalten.de, Tel. 0152/29 28 97 94
Atelierwerkstatt mit kleinem Laden, in dem Gemälde, Geschenke und Unikate aus liebevoller Handarbeit angeboten werden

**Inseltöpferei Klampfleuthner**
Frauenchiemsee 4A, 83256 Frauenchiemsee
inseltoepferei.de, Tel. 08054/12 33
Neben einer großen Auswahl an traditioneller wie moderner Gebrauchskeramik fertigt die *Inseltöpferei* auch Kachelöfen und Fliesen für Bad und Küche.

**Bioteaque**
Schmidhamer Str. 31, 83278 Traunstein
bioteaque.com, Tel. 0861/909 74 70
Im Lagerverkauf der *Chiemgauer Tee-Manufaktur* gibt es eine umfangreiche Auswahl an Tees und Zubehör sowie einen kleinen Bioteaque-Fanshop.

# Register

## ORTE UND PERSONEN

## REZEPTE

# Impressum

Verantwortlich: Katja Treu
Idee & Konzeption: Angelika Dietrich
Lektorat: Anette Späth
Layout: Elke Mader
Kartografie: Bruckmann Kartografie, Heidi Schmalfuß
Repro: LUDWIG:media
Herstellung: Bettina Schippel
Printed in Poland by CGS Printing

★★★★★

**Sind Sie mit diesem Titel zufrieden?** Dann würden wir uns über Ihre Weiterempfehlung freuen. Erzählen Sie es im Freundeskreis, berichten Sie Ihrem Buchhändler oder bewerten Sie bei Onlinekauf. Und wenn Sie Kritik, Korrekturen oder Aktualisierungen haben, freuen wir uns über Ihre Nachricht an J. Berg Verlag, Postfach 40 02 09, D-80702 München oder per E-Mail an lektorat@verlagshaus.de.

Unser komplettes Programm finden Sie unter www.j-berg-verlag.de



In diesem Buch wird aus Gründen der besseren Lesbarkeit das generische Maskulinum verwendet. Weibliche und anderweitige Geschlechteridentitäten werden dabei ausdrücklich mitgemeint, soweit es für die Aussage erforderlich ist.

**Empfehlung der Redaktion**
Sie sind auf der Suche nach weiterführender Literatur? Dann empfehlen wir Ihnen den Titel »Meine Lieblings-Alm Chiemgau & Berchtesgaden« (ISBN 978-3-86246-287-2). Oder Sie werfen einen Blick in den Titel »Bankerl- & Schmankerl-Touren in Oberbayern« (ISBN 978-3-86246-932-1). Hier werden Sie bestimmt fündig.

Bildnachweis: Alle Bilder stammen von Kerstin Riemer mit Ausnahme von S. 21, S. 22, S. 23 unten: Michael Namberger; S. 67: Barbara Seemüller; S. 96, S. 98 unten, S. 99: Schäferei Fröwis; S. 103: Gratwanderung Design; S. 141, S. 142 unten: Naturkäserei St. Georg; S. 147 oben: Lisa Stanzel; S. 151, S. 152 und S. 153: Gut Sossau

Umschlagvorderseite: Hutmacherei Magdalena Löhmann (S. 14), Einklinker: KAVA coffee roasters (S. 126)
Umschlagrückseite: Obstbrände und Liköre aus der Brennerei Sailerhof (S. 34)

Die Deutsche Nationalbibliothek verzeichnet diese Publikation in der Deutschen Nationalbibliografie; detaillierte bibliografische Daten sind im Internet über http://dnb.d-nb.de abrufbar.


Infanteriestraße 11a
80797 München

ISBN 978-3-86246-930-7